K.G. りぶれっと No. 37

石《いし》干《ひ》見《び》に集う
伝統漁法を守る人びと

田和正孝［編］

関西学院大学出版会

はじめに

石干見とはどう読めばよいのか、そしてこれは何なのか、本書を手にとってくださった多くの読者がそう感じられたのではないでしょうか。「はじめに」はこれら二つの疑問に対して答えることからスタートしなければなりません。石干見は、「イシヒビ」あるいは「イシヒミ」と読みます。学界では「イシヒビ」で通っています。それではなぜ「ビ」と「ミ」という二つの読みが存在するのでしょうか。冒頭から申し訳ありませんが、これについては本書の解説論文に譲りたいと思います。

石干見は、魞・簗類に含まれる、石でできた伝統的な陥穽漁具のことです。浅海に竹や、竹などで編んだ簀を建ててつくった漁具を一般に篊（ヒビ）と呼びますが、私は、石干見は石でできた篊のことであると考えています。したがって、この漁具に「石篊」という文字をあてるのがもっとも適当ではないでしょうか。石干見という漢字は、後年になってイシヒビの呼称に対してあてられたものでしょう。ただし、なぜこの文字があてられたのか、まだ解明できていません。このあたりの詳細についても解説論文に譲ります。

石干見の漁獲原理をあらためて説明しておきます。石干見は一般的には潮位差が顕著な海岸部に岩塊や転石を馬蹄形や方形に積んで構築した大型の定置漁具です。石積みは、満潮時には海面下に没し、干潮時には一部または全部が干あがるように築かれています。上げ潮流とともに接岸し、この石積み内に入ってきた魚群のうち、下げ潮流時に沖へと戻る際、出遅れて石積み内に封じこめられたものが、補助漁具を用いて、あるいは手づかみによって漁獲されることになります。石干見は、東アジア（台湾・韓国）、東南アジア（フィリピン・インドネシア）、南太平洋各地の干潟地帯やサンゴ礁島の周辺、イギリス諸島、フランス、スペインの大西洋岸、オーストラリア周辺部など、世界中に分布していました。漁船漁業が発達した現在でも実際に使用されているものが数多くあります。日本でも、かつて周防灘沿岸や有明海周辺、島原半島、五島列島、奄美諸島、沖縄諸島、宮古列島、八重山諸島などに存在していました。しかし現在も魚とりが続けられているものとしては、長崎県諫早市水ノ浦に一基、沖縄県宮古島市佐和田浜に一基が残っているにすぎません。

ところで、石干見は、近年、環境教育やツーリズムのための装置として脚光を浴びはじめています。遊びの空間として海をとらえる視点が社会一般に高まり、石干見が安全に楽しく魚を捕らえることができる水辺を提供すること、石を積むという行為が生物を蝟集させ、結果的に生物多様性を育むと考えられることなどに注目が集まっているからです。九州の複数の地域では、保存会が立ち上がり、復元された石干見で市民が魚とりを楽しんでいます。

二〇〇八年には大分県宇佐市長洲において、このような石干見を保存し、再生し、活用することに関心を抱く人びとが集まって、「石干見サミット」が初めて開催されました。サミットは情報を交換しながら大いに盛り上がりをみせ、その後も地域の特徴を活かしつつ、開催は長崎県五島市富江、沖縄県石垣市白保へと引き継がれました。二〇一三年三月には第四回が、鹿児島県奄美市において「九州～奄美～沖縄・海垣サミットｉｎ奄美」と題して催されました。石干見にゆかりのある国内八地域の人びとが集いました。

このサミットの折、サミット仕掛け人の一人であり、当日、総括を担当されたＷＷＦジャパン、サンゴ礁保護研究センターの上村真仁さんが、「各地の石干見に関する記録とともに、保全・活用する活動について記録を残さなければならない」という趣旨の発言をされました。まったくその通りです。そこで翌日、島内の石干見見学会に案内いただいたバスの中で、手作りのブックレットでよいから何か報告集をまとめましょう、と上村さんと少しばかり話し合いました。夏には、サミットに参加された皆さんに出版の趣意書をお送りし、ご賛同を得た方々からたくさんの原稿をいただくことができ、出版の目途が立ちました。

原稿を整理した結果、本書を、「総説」「地域からの発信」「解説」の三部構成によって問うことにしました。「総説」には、里海論や資源管理論を通じて石干見を問い直した秋道智彌さんの論文と石干見サミットの記録を丹念に解説した上村さんの論文を配しました。いずれも近年の石干見に関わるトピックとして必読の論文です。「地域からの発信」には、三輪大介さんの宮古島のカツ（魚垣）に関する論文、石垣繁さんによる石垣島白保の海垣、當田嶺男さんによる奄美大島龍郷のカキ漁についてのレポート、そして長崎県島原市にて結成された「みんなでスクイを造ろう会」の中山春男さんによるスクイへの熱き思いのこもった論文を収めることができました。「解説」のパートでは、私が石干見の分布と地方名について説明します。

読者の皆さんには、以上の三つのパートのいずれから読み進めていただいても結構です。「石干見論」とでもいうべきホットな話題に注目されるのであれば、やはり総説の章から読んでください。石干見にゆかりのある現場を知りたい方は「地域からの発信」にまず目を通されることをお勧めします。そこで登場する石干見の様々な地方名に疑問を呈されるならば、「解説」へ進んで、最後に「総説」でさらなる理解を深める方法もあります。

石干見研究の第一人者であった人類学者の西村朝日太郎先生は、人類が誕生した頃にまで遡れるであろうこの漁具の歴史の古さに注目して、石干見を「生きている漁具の化石」と表現されました。今、改めてこの漁具が生きていることの意味を多くの人たちと確認したいと考えています。

目次

総説

1　石干見と里海における資源保全

秋道智彌

一　水産資源の持続的利用

世界各地では乱獲による水産資源の減少が報告されている。一般に漁獲量は漁獲努力量が高まると増加する。しかし、一定程度以上に漁獲努力量が増えると資源の新規加入量が減じるので水産資源の再生産が抑制される。こうした状態が乱獲にほかならず、そのままの状態がつづくと、資源の枯渇する公算が高くなる。

この点でいえば、漁獲圧は大規模な漁具・漁法の使用により増加することが一般に知られている。水産業には大企業的な経営はなじまないと明言したのは元鯨類研究所長の長崎福三氏である。たしかに、まき網は資源を一網打尽にする。底曳き網漁で漁獲される未成魚は経済価値の低いくず魚（トラッシュ・フィッシュ）として廃棄される。流し網では海鳥、イルカなどの混獲による資源の浪費が顕著であった。現に北太平洋ではサケ・マス流し網漁が一九九一年に国連決議により操業停止とされた。一〇〇キロメートル以上の長さの幹縄に、五〇メートル間隔で枝縄に釣りばりをつけたマグロはえなわ漁は釣獲率が数パーセントであったとしても全体としての漁獲量は大きいといわざるをえない。

これにたいして、持続的かつ有効な水産資源利用を実現するためのさまざまな方策が世界各地で提案・実施されてきた。このなかには、総量規制（ＴＡＣ）、個別漁獲割当の規制（ＩＱ）、漁具の規制、体長制限、産卵期における禁漁、海洋保護区の設定、認証制を通じた水産物取引の標準規格化、ワシントン条約による水産物の商取引の制限などがあり、総体的に資源管理型の多様な方策が特徴である。

ここでは持続的な小規模漁業の例として、地域に根差した定置網漁業を取り上げたい。そのため、近年提唱されてきた「里海」と「生態系サービス」の概念を援用して沿岸環境の再生について概観する。これを受けて、持続的な里海を創生するうえで定置漁業でもある石干見漁とその変化要因についてふれ、豊かな里海創生に向けての課題を展望してみたい。

海藻・海草藻場における生態系サービスと里海

森林ではぐくまれ、水に溶解した栄養塩類は河川や地下帯水層を経由して沿岸域で植物プランクトンや海藻・海草に吸収・摂取される。植物プランクトンは動物プランクトンに摂取される。動物プランクトンは、プランクトン食の魚類、貝類などに索餌される。海藻・海草類とその表面の付着藻類はウニ、貝類、藻食魚類、ジュゴン（亜熱帯海域

表1　日本における海藻・海草の藻場

1	コンブ（*Laminaria*）場	コンブ	北日本
2	アラモ（*Eisenia*）場	コンブ目	岩手〜高知、京都〜長崎
3	カジメ（*Ecklonia*）場	コンブ目	千葉〜宮崎、島根〜長崎
4	ガラモ（*Sargassum*）場	ホンダワラ	全日本
5	テングサ（*Gelidium*）場	テングサ	全日本
6	アマモ（*Zostera*）場	アマモ	全日本（砂地）
7	その他：ワカメ（*Undalia*）場、アオサ（*Ulasa*）場		

の場合）などが消費する。さらに魚類や貝類は魚食性・肉食性魚類やヒトデ、タコ、ラッコ（亜寒帯・極域の海域の場合）などに摂食される（秋道　二〇一三）。こうして沿岸域では複雑な食物連鎖網が形成される。沿岸域に繁茂する海藻・海草の群落は藻場を形成する。藻場には優占する海藻・海草の種類によって名称がそれぞれ異なる（表1）。

岩手県中部の船越湾では世界最長のタチアマモが生育することが知られており（相生　二〇一〇）、藻場には森からの栄養塩類の貢献があることは容易に推察できる。現に河川の流出がない地域であっても、海底湧水が沿岸の生産性を保障していることが岩手県、山形県、秋田県の例からも知られており、海底湧水学の意義が提起されている（谷口　二〇一〇、秋道　二〇一〇、Akimichi and Sugiyama 2012）。

生態系は多様なサービス（便益）を果たしてきたことが知られている。これを一般に生態系サービスとよぶ。沿岸の藻場を例とすれば、生態系サービスは海藻・貝類・魚類などの食料、塩、燃料、薬品など人間の生存や経済に有用な資源をあたえる供給サービス、水や栄養塩類の循環、光合成、生物の産卵・生育・逃避場所の提供などの維持サービス、波浪や太陽光などの作用の軽減、富栄養化の防止などの調節サービス、さらには海に関連した海藻神事の儀礼や海神祭、文学・芸術の創生、科学的研究、エコ・ツーリズムなどを提供する文化的サービスにわけることができる（図1）。

多様な生態系サービスをはぐくむ沿岸環境は、埋め立てや護岸工事、防波堤の建

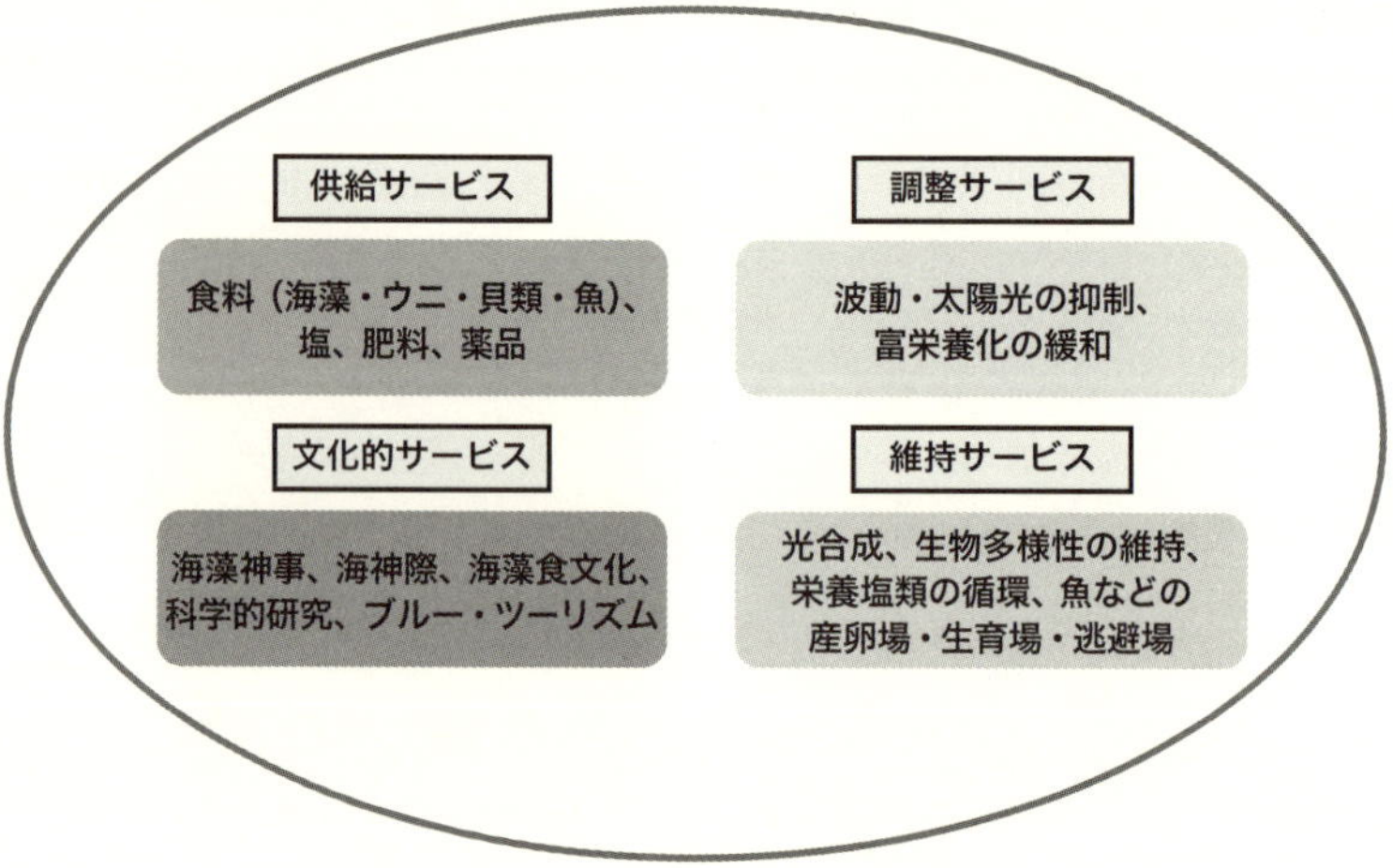

図1　藻場におけるさまざまな生態系サービス

造などによる自然海浜の減少、陸域からの生活排水や汚染物質の流入と富栄養化などにより大きく劣化してきた。とくに一九六〇年代以降の経済発展により、国内各地の沿岸域で顕著な変化が指摘されてきた。

二　里海と定置網

海の生態系サービスの劣化が指摘されるなかで、ゆたかな海を再生する試みがここ一〇年ほどのあいだに、「里海」をキーワードとして日本各地で進められてきた。里海は「人為的な介入を通じて沿岸域の生物多様性が維持されるとともに、人間による生産活動も向上する領域」ということになる。つまり、人間が海に手を加えることで沿岸域の生物多様性も生物量も増加することが可能となる場を指す（柳　二〇〇六）。よく知られているように、里海と類似した概念として里山がある。人間が介入した結果、生み出された二次的な自然としての山や海とのかかわりを重視する立場からの取り組みが里山・里海論にほかならない。劣化した沿岸域の生態系サービスを修復し、生物多様性の回復と人間による沿岸資源の生産向上を目指す試みが里海論の核心といえる。

里海にかかわる取り組みとして、藻場の造成（岡山県日生）、サンゴの移植（沖縄県恩納村）、森林における植林や海浜の魚附林の保全などが典型的な例である。植林活動は森で落ち葉や土壌としてはぐくまれた鉄、窒素、リン、ケイ素などの栄養塩類を川や地下の帯水層を経由して海に運搬する。森から海に至る水の循環は豊かな海づくりの基盤となる。藻場の造成やサンゴの移植は直接的な里海づくりにほかならない。こうした活動や実践はとくに戦後期に大きく劣化した沿岸環境の復元と生物多様性の回復と維持、沿岸漁業の生産増をもくろむものである（畠山　二〇〇六、山下　二〇〇七、田中　二〇〇八）。

前近代には、沿岸域が干拓されることがあったが、近代におけるコンクリートの護岸、防波堤、堰堤、ダムなどのように森から海に至る水の循環を遮断することはなかった。また、国内すべてではないにしろ、森林の伐採を禁止することや魚附林の保全が藩の政策としてすすめられた（農林省水産局編　一九三四）。シベリアではアムール川を巨大な魚附林と位置付け、溶存鉄が川を通じてオホーツク海にもたらされるとする仮説が検証された（白岩　二〇〇九、二〇一一）。この例もシベリア開発にたいして、自然の循環を保全することの意義を謳った試みであろう。

ここで注目しておきたいのが、里海の維持と再生を目指し、人為的に魚礁を造成する試みである。たとえば、人工魚礁を造成して魚類や無脊椎動物などの生物の生息場を提供する試みがある。集魚装置にはさまざまな形態と種類のものがある。このなかには海面上に設置する浮き魚礁、海底に設置する定置網、コンクリート・鋼鉄製のブロック魚礁などがある。浮き魚礁にはインドネシアのルンポンやロッポン（秋道　二〇一三a）（図2）、フィリピンのパヤオ、マレーシアにおけるウンジャン（飯田　二〇〇四）などの例がある。日本でも沖縄県、鹿児島県、宮崎県の漁業者がパヤオ漁に従事している。これらの集魚装置により魚やその餌生物が魚礁に「根づき」、海洋生物の種類や数が増えるとともに漁獲量の増加にも寄与することが広く知られている。

図2　マカッサル海峡域にあるロッポン漁の装置

定置網は英語でセット・ネットと称されるように、網を海底に設置して魚を捕獲する装置である。種類にもよるが、定置網は魚を誘導する垣網と、魚を一時的に滞留させる囲網・登網、最終的に魚を追い込む箱網（嚢網、身網）からなる複雑な構造の装置である。日本では箱網が水深二七メートルよりも浅い海域と深い海域とで、小型定置網と大型定置網に区別されている。大型定置網のほうが規模が大きく、網の構造も複雑になっている。網を揚げるさいにも数十人以上の人力を必要とする。定置網漁では資源を根こそぎ獲るのではなく、仔稚魚を獲ることもない。入網した魚だけを獲るので資源利用上、持続的である点が注目されている。いったん敷設した網は漁期の期間、そのまま海中に設置したままであることが多く、その維持にはコストがかからない。ただし、網に海藻が付着して網が潮流で流出する危険もあり、不断に網を付け替えることもおこなわれる。定置網はこれまで数百年以上の時代を経て日本各地で改良され、いくつもの系統として発展してきた（日本学士院編一九五九）。

　定置網の意義について、かつて里海が実現されていたことを富山県氷見市の氷見市立博物館長の小境卓治氏が報告している。それによると、かつて定置網は農村地帯から供給される稲藁でつくられた。漁期が終わると、定置網はそのまま切り落とされ、海底で有機物として沈着した。稲藁は分解され、付着藻類や小型動物によって利用され、魚類が集まる役割も果たした。こうして定置網をめぐる物質循環が達成され、農村と漁村の有機的な経済関係が維持されていた。近代化と石油製品の利用によって稲藁は使われなくなった。陸と海をつないだ里海の役割は終焉したが、定置網のもつ資源保全上の意義は時代を超えて今後とも継承されるべきであろう。定置網漁業は追い込み網や底曳網におけるように、魚類を一網打尽にするのではない。仔稚魚は網を通り抜けるので選択性の高いことからも持続的な漁業とされている。平成一四（二〇〇二）年には富山県氷見市で「世界定置網サミット」が開かれた。定置網の技術指導はタイ、コスタリカ、中国、インドネシアなどの国ぐににおいていまも継続されている。

三　生態系サービスと里海論から見る石干見漁

定置漁法のなかで、魚を誘導して網に入った魚を獲る漁法の原型とでもいえるのが石干見である。石干見は英語でタイダル・ストーン・ウィア（Tidal Stone Weir）と称される。ウィアは「わな、やな」の意味であり、定置網のように魚群を網のなかに誘導するのではなく、潮汐の干満差により移動する魚を獲る漁法である。石干見は岩石を馬蹄形ないし半円形に積んで造成した装置である。潮汐の干満におうじて魚類やイカなどは満潮時に浅瀬に移動して索餌し、干潮時にはふたたび深みへと移動する。その一部は空中に露出した石干見の障壁を越えることができずに石干見内に残る。これらの魚類やイカなどを手づかみや、ヤス、すくい網などの漁具で獲る。潮汐差の程度や地形などにより石干見の規模や形状などは異なる。このあたりの詳細については田和正孝氏が論じており、参照していただきたい

（田和　二〇〇二、二〇〇七）。

生態系サービスと里海の視点から、石干見にはどのような役割と機能があるのだろうか。石干見は沿岸域に造成された人工的な構造物である。この装置によって人間はほとんど毎日、水産資源を獲得することができる（供給サービス）。石干見の構造物は仔稚魚やカキ、フジツボ、甲殻類、イソギンチャク、海藻など多様な生き物の生息場となる。この点で石干見は維持サービスに相当する恩恵をもたらし、生物多様性の増加と漁業の推進を実現するための里海の定義にもうまくあてはまる（Kakuma and Kamimura 2012）。石の障壁物は、外洋からの波の勢いを減じる役目を果たす（調節サービス）。すでに既発表の論文で指摘されているように、八重山諸島の小浜島では琉球王朝時代、特定の石干見で捕獲されるジュゴンが貢納品として利用されていた（中村・矢野　二〇〇七）。さらに現代的な課題としては、石垣島の白保地区に新たに造成された竿原垣は地域振興や環境教育、ブルー・ツーリズムに資する役割を担っている（上村　二〇一〇）（文化的サービス）。石干見をひとつの小さな生態系として捉えることに問題はないだろう（Akimichi 2011）。

石干見は満潮時、海面下に没する。その高さは大津波の襲来を想定したものではない。しかし、台風や高波によって石干見が壊れる脆弱性をもっており、修復作業を怠らないようにしなければならない。規模にもよるが、比較的規模の小さい石干見であっても、それを造成するためには集団的な労力を要する。また、自然の岩石を用いるので装置の造成に要する経費は通常の定置網漁具やブロックなどの人工魚礁とは異なり低い。しかも、合成繊維や工業製品、金属などを一切使用しないので、たとえ装置が破壊されても、海中に不燃物やゴミが残ることはまったくない。こうした点で石干見は海洋生態系の維持にとってプラスの意義をもつとともに、人間生活におおくの恩恵をもたらす。最近、九州各地や奄美・沖縄地方で石干見を復活する動きがある。大規模な漁業生産増が達成されるとはいえないまでも、生物多様性の増加、環境教育の推進、地域振興など多様なプログラムが進められている。石干見は生態と社会・

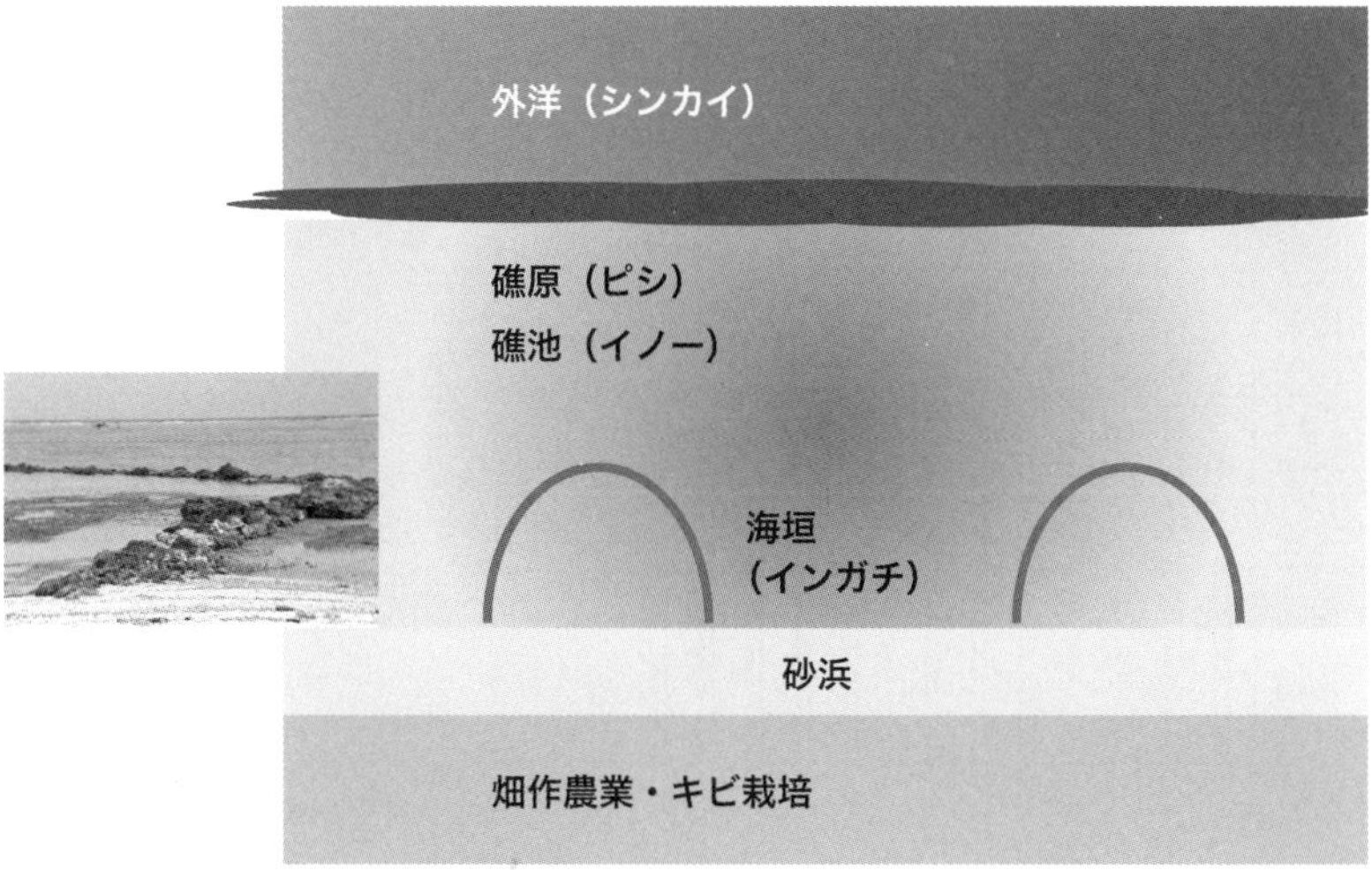

図3　八重山諸島におけるミニ・イノーとしての海垣

文化の両面にかかわるメリットをもたらすものと位置付けられているのは以上のような理由による。

周知のとおり、石干見漁は奄美・沖縄（宮古・八重山諸島）に色濃く分布していた（田和　二〇〇七）。琉球列島は熱帯性の海に囲まれ、島じまの周囲にはサンゴ礁が発達している。奄美・沖縄では造礁サンゴが形成するサンゴ礁は外洋の波が砕ける礁原（ピシ）の内側に静かな礁池（イノー）をもっている。魚は満潮時、深みから浅瀬へと索餌に移動する。そして、干潮時にはふたたび深みへと移動する。潮汐リズムに応じた魚類の移動様式を石干見における動きと同類のものと考えれば、島じまの周囲に発達した礁原は巨大な自然の石干見にほかならない。地域の人びとはその内側の礁池をゆたかな漁場として利用してきた。石干見漁のおこなわれる魚垣は「ミニ・イノー」であると捉えることができるだろう（図3）。

魚垣に利用されるサンゴ石灰岩は、屋敷地の石垣や牧野の境界、さらには家屋の柱の礎石としても利用されており、琉球列島のサンゴ礁海域の特徴的な文化を示すといってよい。石干見はその代表例である。台湾の澎湖列島やソロモン諸島のマライタ島北東部のラウ漁撈民社会でもサンゴ石灰岩が石干見に利用

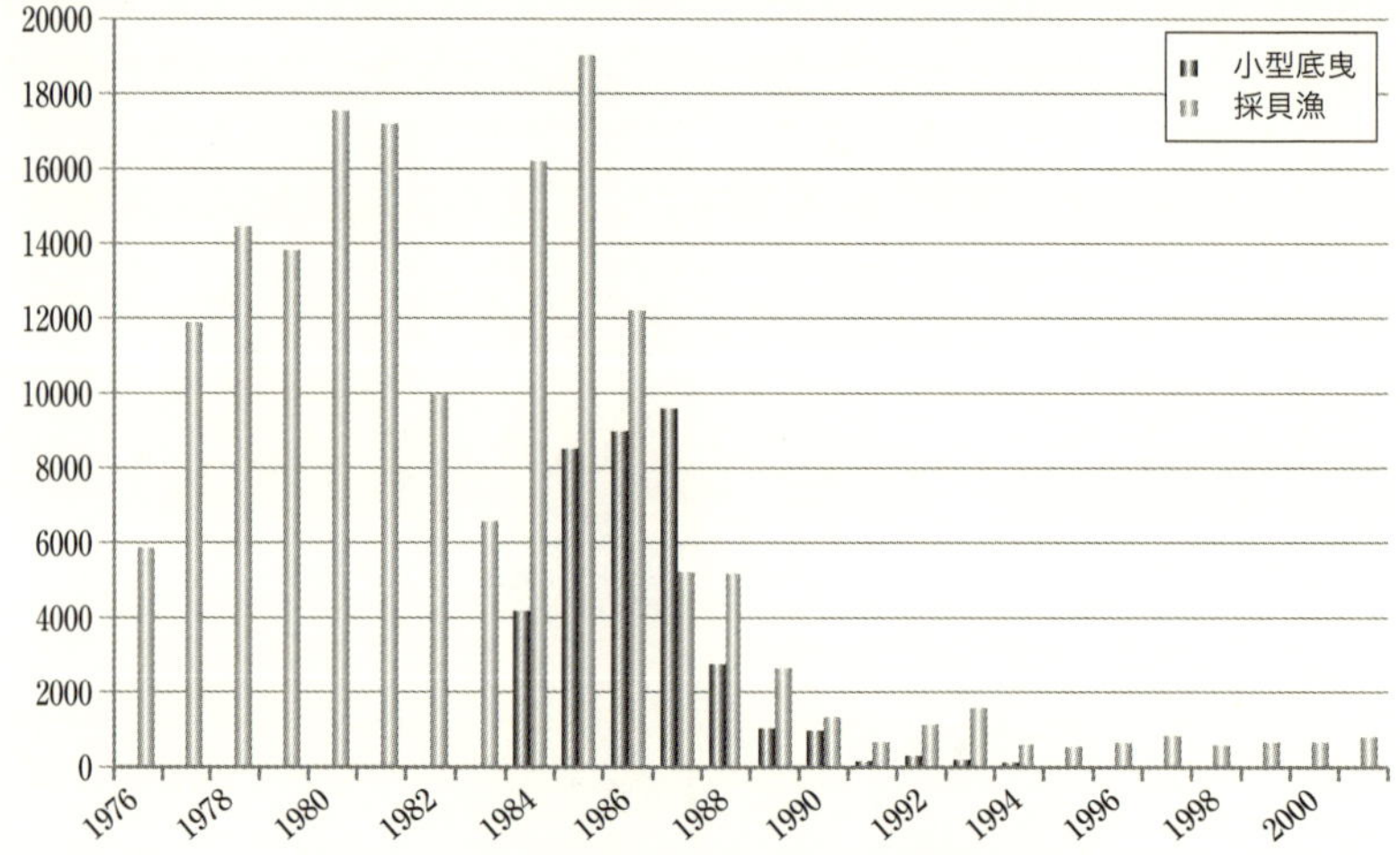

図 4　大分県豊前海におけるアサリ漁獲量の推移

出所：農林水産統計年報を元に筆者作成。

される。サンゴ礁の発達していない奄美の一部や九州、韓国ではどうか。石干見の原料はサンゴ石灰岩ではなく、火山岩や海岸にある岩石である。火山島である韓国の済州島でも、沿岸部の火山岩が利用されている。

ササヒビ漁

石干見漁では岩石が材料とされているが、そうではなくマダケ（真竹）の束を干潟に一万本以上V字形に設置し、その中央部に袋網を取り付けたものがササヒビ漁である。ササヒビは「笹干見」、ヒビは「篊」を指し、その原理は前述の石干見漁とおなじである。その一例が大分県中津市の中津干潟にある。

中津干潟は総延長一〇キロメートル、面積は約一三四七ヘクタール、沖合三キロに展開する。全国の干潟が開発などで消滅するなかで奇跡的に残った。この干潟には一三門六五五種の生物が生息する。このなかで、他の干潟では消滅した稀少種が全体の三割以上に相当する二二九種と多いのが特徴である。

中津干潟のなかで、泥干潟ではササヒビが、底質のやや固い干潟では石干見が造られた。中津では昭和四〇年代にノリ養殖業の進展にともなってササヒビ漁は衰退する。かつては沿岸域にすくなくとも一四基のササヒビがあった。しかし、アサリやノリの養殖業の進展にともなってササヒビ漁は衰微した。また、豊前海におけるアサリ漁は図4にあるように、一九八六年以降激減し、壊滅ともいえる状況にある（図4）。

しかし、水産庁の「里海再生プロジェクト事業」として平成一八（二〇〇六）年に復活した。ササヒビ漁により沿岸生物の漁獲が増加するとともに、貝類の幼生が竹に着床し、生物生産の増加に寄与した。また、アサリ、ハマグリなどの貝類を捕食するナルトビエイがササヒビ装置に接近できないので食害防止に役立つ。こうした生態系サービスの維持にとっての利点を考えると、ササヒビは里海の理念と実践に合致する。地元で「水辺に遊ぶ会」を主宰する足利由紀子氏は、中津干潟で里海再生にかかわる多面的な活動を実践している（足利　二〇一二）。残念ながら平成二四（二〇一二）年七月の集中豪雨により、山国川で発生した洪水のさいに流れてきた流木によりササヒビは破壊されてしまった。

石干見とササヒビによる漁を比較してみよう。構造物の材料は前者でサンゴや岩石、後者ではマダケである。造成するにあたっては両者ともに共同労働を必要とする点ではおなじである。波浪や台風など海側からの影響は石干見のほうがササヒビよりも脆弱であるといえるが、河川からの洪水にたいしてササヒビは弱いことが露呈している。石干見は河川の河口域に造成されることはまずない。

両者の漁法が衰退した要因は事例からみるかぎりそれぞれ異なっていた。石干見の場合、とくに沖縄では、新規の漁具・漁法の発達によって伝統的な石干見漁が顧みられなくなったこと、一九七三年の本土復帰後、都市化による若者世代の流出、村落における共同労働慣行の衰退したこと、を指摘できる。

また、石垣島の白保における聞き込みでは、沖合いで専業漁民が魚を多く獲ったため、礁池に入ってくる魚自体が

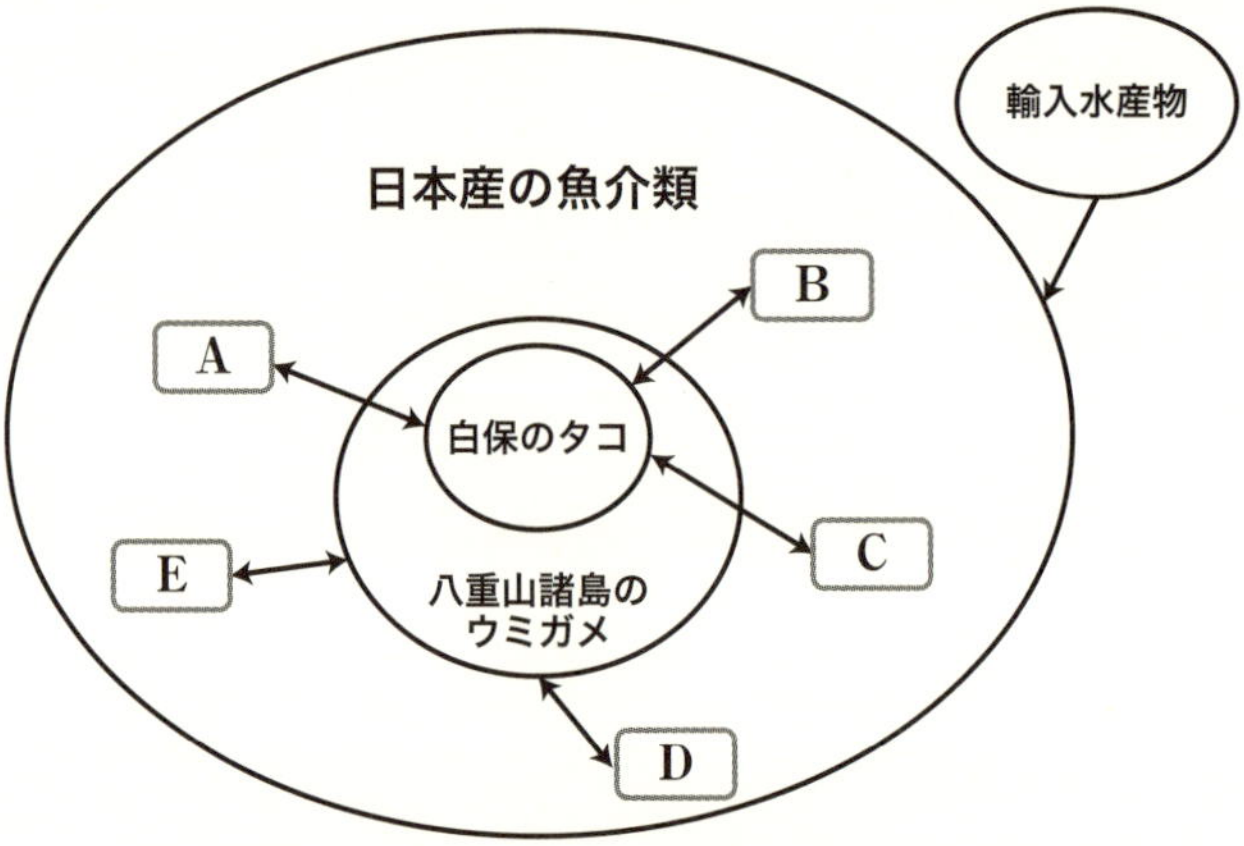

図５　地魚の重層的な位置づけ

白保のタコや八重山諸島のウミガメは地魚であるが、ネット通販を通じて消費者（Ａ～Ｅ）に地魚が流通する。さらに国産の魚を地魚と位置付けることもできる。

減ったという意見を得た。一方、ササヒビ漁の場合、一九六〇年代以降、沿岸海域でアサリ、ノリなどの養殖業が進展し、区画漁業権が設定されたため、ササヒビ漁を行う場自体が失われたことや、ササヒビ漁にたいする定置漁業権が漁民によって認識されずに権利が取得されてこなかったことを指摘することもできる。

四　今後の課題

石干見を再生する大きな動きのあるなかで、日本の沿岸域が戦後期に大きく破壊されてきた事実を振り返る必要がある。里海の再生にとり、生態系サービスの機能をどのように活かすべきかについて考えてみよう。持続的な漁業の推進は供給サービスにとりもっとも重要な点である。生物多様性を回復するための維持サービスには大学などの研究機関による継続的な調査研究が不可欠である。里海の調節サービスとしては沿岸域の総合的管理が重要な目標である。文化的サービスとしては次世代のための環境教育を強力に推進する必要がある。以上の生態系サービスを実現するうえで、利害関係者となる地元の漁業協同組合をはじめ、地方自治体、地域住民、大学などの研究機関、地方自治体、NPO法人などの協働が欠かせない。石干見の再生には協働が不可欠であり、装置を維持していくために不断の監視が必要である。地域の状況にもよるが、沿岸域における新しいコモンズとして人びとがさまざまなかかわりを踏まえて結集することが肝要となるだろう（Akimichi 2012）。

石干見漁や定置網漁によって沿岸のさまざまな水産資源を獲得することができる。この中には通常の市場原理をはずれた規格外のものが多数ふくまれている。底曳網漁によって漁獲された大量のくず魚を廃棄する場合と異なって、いわゆる「地魚」を地元だけでなくネット販売を通じた直販システムを開発する可能性もある。図5で示したように、八重山諸島石垣島の白保の海で獲れたタコは地魚として現地で利用される。そして八重山諸島内で捕獲されたウミガメも現地の市場で消費される地魚である。また、八重山諸島内で漁獲された魚はネット通販を通じて消費者（A～E）に流通する。さらに国産の魚を海外産の魚にくらべて地魚と位置付けることもできる。こうして地魚を重層的に捉えることで里海における水産資源の有効な利用を進めながら生物多様性の維持と回復を進める里海の精神が具現化することにつながる（秋道　二〇一三）（図5）。

謝辞

奄美大島名瀬市の奄美博物館における「九州～奄美～沖縄・海垣サミットin奄美」（二〇一三年三月二三日実施）に参加して講演する機会をあたえていただいた白保村サンゴ礁センターの上村真仁氏に厚くお礼を申し上げたい。また、田和正孝氏（関西学院大学文学部）に石干見漁業に関するさまざまな知見をご教示いただいた。ここに深謝してお礼を申し上げたい。

参考文献

相生啓子（二〇一〇）「アマモが教えてくれたヒトと自然の関係」秋道智彌編『大槌の自然、水、人――未来へのメッセージ』東北出版企画、一〇六―一二九頁。

秋道智彌編（二〇一〇）『大槌の自然、水、人――未来へのメッセージ』東北出版企画。

――（二〇一三ａ）『漁撈の民族誌――東南アジアからオセアニアへ』昭和堂。

――（二〇一三ｂ）「論点　地魚から考える重層的な食料戦略」『ビオストーリー』一九、一〇八―一〇九頁。

――（二〇一三ｃ）『海に生きる――海人の民族学』東京大学出版会。

足利由紀子（二〇一二）「人と海の「心の距離」を取り戻すことはできるのか」『Ship & Ocean Newsletter』二八八、六―七頁。

飯田卓（二〇〇四）「マレーシア東海岸における小規模漁民の操業と漁種選択」『地域漁業研究』四四（三）、一―二二頁。

上村真仁（二〇一〇）「石垣島白保集落における里海再生――サンゴ礁文化の保全・継承を目指して」『Ship & Ocean Newsletter』二三五、二―三頁。

白岩孝行（二〇〇九）「オホーツク海・親潮の〝巨大〟魚附林としてのアムール川流域」『地理』五四、二二―三〇頁。

白岩孝行（二〇一一）『巨大魚附き林の地球環境問題――アムール川から親潮とオホーツク海まで』昭和堂。

田中克（二〇〇八）『森里海連関学への道』旬報社。

谷口真人（二〇一〇）「鳥海山の海底湧水」秋道智彌編『鳥海山の水と暮らし』東北出版企画、五〇―六九頁。

田和正孝編（二〇〇二）「石干見研究ノート――伝統漁撈の比較生態」『国立民族学博物館研究報告』二七（一）、一八九―二二九頁。

田和正孝編（二〇〇七）『石干見』（ものと人の文化史135）法政大学出版局。

中村敬・矢野敬生（二〇〇七）「沖縄・小浜島の石干見」田和正孝編『ものと人の文化史135石干見』法政大学出版局、五五―一一四頁。

日本学士院編（一九五九）『明治前日本漁業技術史』日本学術振興会。

農林省水産局編（一九三四）『旧藩時代の漁業制度調査資料　第一編』農業と水産社。

畠山重篤（二〇〇六）『森は海の恋人』文藝春秋。
柳哲雄（二〇〇六）『里海再生論』恒星社厚生閣。
山下博（二〇〇七）『森里海連関学――森と海の統合的管理を目指して』京都大学学術出版局。
AKIMICHI, T. 2011. Changing Coastal Commons in a Sub-Tropical Island Ecosystem, Yaeyama Islands, Japan. In: *Island Futures: Conservation and Development Across the Asia-Pacific Region*. Global Environmental Studies. Springer, pp. 125–137.
AKIMICHI, T. 2012. *Satoumi* Ecosystems and a New commons: Ecological and Institutional Linkages between Human and Nature. *Global Environmental Research* 16 (2), pp. 63–172.
AKIMICHI, T. and H. SUGIYAMA 2012. Satoumi to Integrate Resource Conservation and Use: Sandfish Fisheries in Akita Prefecture. In: *Biological and Cultural Diversity in Coastal Communities* (CBD Technical Series No.61). Montreal: Secretariat of the Convention on Biological Diversity, pp. 24–29.
KAKUMA, S. and M. KAMIMURA 2012. Okinawa: Effective Conservation Practices from Satoumi in a Coral Reef Eco system. In: *Biological and Cultural Diversity in Coastal Communities* (CBD Technical Series No. 61). Montre al: Secretariat of the Convention on Biological Diversity, pp. 86–93.

2 日本石干見サミットの意義と可能性
「石干見」再生・活用の多面的な価値の発見

上村 真仁

はじめに

伝統的な定置漁具「石干見（イシヒビ）」と類似の漁具を持つ地域の代表が二〇〇八年大分県宇佐市長洲中学校に集い、第一回日本石干見サミットが開催された。それから五年、サミットは各地持ち回りで四回を数えている。参加地域数も徐々に拡大しており、第一回の三地域から第四回には八地域となっている。参加地域は、このサミットにどのような意義を見出しているのであろうか。

本稿では、サミット開催に至る経緯や過去四回のサミットを振り返ることで、各地域で行われている「石干見」再生・活用の目的について整理した。また、サミットの開催趣旨などから主催者が考えるサミットの開催意義を、また参加者の発表内容などから、そこに集う目的をそれぞれがどのようにとらえているか把握し、考察を加えた。その中から、今後のサミットの可能性、「石干見」所有地域の連携の目指す方向について提言を行いたい。

なお、筆者はこれまで国内で開催された四回のサミットに全て参加している。一方で、沖縄県石垣島白保集落において「石干見」と類似の漁具「海垣（インカチ）」の復元、活用に携わり、第三回日本サミットを兼ねた「二〇一〇世界海垣サミットｉｎ白保」に、主催者の一人として関わった立場からの論考となることを予め断っておく。

一　地域が「石干見」復元に求めるもの

日本石干見サミットは、各地で同時発生的に見られた「石干見」再生の取り組みが契機となったものである。「原始的な漁具」と称される「石干見」に着目し、その価値を再評価し、現在の地域の中で活用するこの取り組みは、多様な目的のもとに進められている。「観光利用」「体験学習」「文化継承」などそれぞれの地域が目的として掲げているものは異なっている。しかし、そこには経済性や効率性の偏重により画一化していく地域への反動が通底しているようにみえる。

「石干見」は、沿岸部の浅瀬にサンゴの石垣を積み、満潮時に海岸の海藻を食べに来た魚が、干潮時に石垣にはばまれ戻ることが出来ず潮溜まりに身を寄せているところを網や手づかみで捕ったという定置漁具である。石垣島白保集落では、かつて一六基の「石干見」があった。いずれも農作業の合間に潮時をみて魚を捕る、農民の所有するものであった。しかし、戦後、次第に使用されなくなった。これは近代化の中で専業の漁業者が現れ、農業と漁業の分業が進んだことや、ナイロン網の発達などにより漁具や漁法が変化したことで、「石干見」の魚を捕る道具としての価値が低下したことが大きな要因と考えられる。その結果、白保の石積みは埋め立て資材として運び出され姿を消して

表1　サミット参加地域での石干見復元の目的

所在地	名称	復元/新設	年度	主体	目的	備考
大分県宇佐市長洲	宮ひび	復元	2005	長洲ｱｰﾊﾞﾝﾃﾞｻﾞｲﾝ会議が復元	学習	長洲中学校の総合学習の時間
大分県宇佐市長洲	長洲海岸の石ひび	新設	2007	宇佐市豊の海観光協議会が設置	観光	観光利用のために新設
長崎県五島市富江町	すけ漁	復元	2001	富江町観光協会が復元・管理	観光	灰ダコ漁など多様な体験の場として活用
沖縄県石垣市白保	竿原の垣	復元	2006	白保魚湧く海保全協議会が復元・管理	環境保全・学習	モニタリング、資源増殖の場としても活用
沖縄県竹富町小浜	スマンダー垣	現存	—	細崎まーる新鮮隊がガイド	観光	漁ではなく、文化遺産として解説
沖縄県宮古島市狩俣	狩俣のナガキ	復元	2008	仲間俊夫ら	学習	体験的な石積み作業を一度実施
沖縄県宮古島市伊良部佐和田浜	佐和田のカツ	現存	—	長浜トヨ、武二ら長浜家による管理	観光・学習	学校等での学習で使用
鹿児島県奄美市笠利町	シュガキ	復元	2010	手花部子供会が復元・管理	学習・文化継承	子供会の活動として使用
鹿児島県龍郷町瀬留	平家漁法跡	復元	—	地元小学校が復元	学習	
長崎県島原市	スクイ	復元	2008	みんなでスクイを造ろう会が復元・管理	学習	
沖縄県竹富町西表島古見	古見の垣	現存	—	—	—	現在は、跡が残るのみ。
鹿児島県瀬戸内町木慈	垣漁跡	現存	—	—	—	現在は、跡が残るのみ。
(参考)						
スペイン・アンダルシア地方・チピオナ	コラーレ	現存	—	JARIFE(ハリフェ)	漁獲・国土保全	
フランス・オレロン島	イクルーズ	復元	1987	Observatoire Europeen De L' ESTRAN	文化継承・漁獲	コミュニティの活動の場として共同管理がなされている。
ミクロネシア連邦・ヤップ島	アッチ	復元	2000	ヤップ州歴史保全局	文化財保護・漁獲	生態学的に健全な漁法の継承。

出所：サミットでの発表をもとに筆者作成。

いる。同じ石垣島の宮良湾では、「石干見」が土砂の堆積により埋没しており、久米島では、埋め立てや護岸工事などの開発により姿を消している。

何故、「石干見」を復元、活用する地域が増えているのであろうか。これまでのサミットに参加した地域の「石干見」復元の目的について表1に整理した。いずれも地域の伝統的な海との関わりの継承や、次世代の育成、体験型観光による地域活性化など漁業以外の目的を掲げている。

大分県宇佐市長洲地区では、まちづくり組織「長洲アーバンデザイン会議」が中心となり「石干見」の再生に取り組んでいる。二〇〇五年一〇月、長洲中学校の総合的な学習の時間を利用し、地域の伝統的な海と関わる文化を見直す学習の一環として「宮ひび」

の復元に着手した。また、二〇〇七年には同会議も参加する「宇佐市豊の海観光協議会」が観光利用を目的に長洲海岸の「石ひび」を建造している。

長崎県五島市富江町では、「富江町観光協会」が長崎県観光活性化プロジェクト事業により、キャンプ場に併設する形で、「すけ漁（石干見の五島での呼び名）」を復元し、観光利用を行っている。

石垣島白保集落では、地先のサンゴ礁保全に取り組む地域団体「白保魚湧く海保全協議会」が、農家の海への関心を喚起することで、サンゴ礁の保全を進めることを目的に復元を行っている。かつて、半農半漁の暮らしの中で農家が利用していた「海垣」を復元することで、人々と海との関わりを再生しようという試みであった。現在は、小学校、中学校の体験学習の場として使用されている。

二　日本石干見サミットの開催

各地での伝統漁具「石干見」の復元は、類似の取り組みをする地域間の交流、更には、複数の地域がともに集うサミットの開催へと発展してきた。サミットの開催は、「石干見」の維持・管理や沿岸域の環境保全、地域の活性化など地域が直面する課題に目を向け、その解決策を共有する場となっている。そして参加団体のメンバーにとっては、「石干見」の復元・活用に対するモチベーションを高める機会ともなっている（表2）。

サミットの開催は、二〇〇五年、「海垣」復元を前に調べ学習をしていた沖縄県石垣市白保中学校の生徒が、インターネットで大分県宇佐市長洲中学校の取り組みを知り、手紙を書いたことに端を発する。長洲中学校と白保中学校との交流が長洲アーバンデザイン会議と白保魚湧く海保全協議会との交流となり、更に長崎県五島市富江町観光協会

表2　過去の日本石干見サミットの概要

	名称	日程	参加数	主催	目的
1回	日本石干見サミット in 長洲	2008.3.21	国内3＋1資料参加	長洲アーバンデザイン会議	石ひび再生活動を盛り上げるため
2回	日本すけ漁サミット in 富江	2009.5.24	国内3	富江町観光協会	すけ漁再生活動を盛り上げるため
3回	世界海垣サミット in 白保〜里海（SATOUMI）づくりを目指して〜	2010.10.30〜11.1	海外6 国内6 （内1地域ポスター参加）	白保魚湧く海保全協議会、WWFジャパン	① 世界の人と海との良好な関係を再構築するヒントを得る ② 参加地域の友好親善を図る ③ 世界各地の沿岸域の暮らしと自然環境が豊かに調和する「里海（SATOUMI）」が広がること
4回	九州〜奄美〜沖縄・海垣サミット in 奄美	2013.3.23	国内8	奄美遺産活用実行委員会	① 文化資源（文化遺産）の観点から環境教育や観光資源としての活用、地域の活性化を支援すること ② 海と人との良好な関係を再構築する「里海」づくりを進め、参加地域間の友好親善を図ること ③ 奄美地域における文化遺産の保護継承及び観光振興・地域活性化の課題や課題解決の方法、その可能性等を探っていくこと

出所：各回サミット資料より筆者作成。

ともつながった。

そして長洲アーバンデザイン会議の呼びかけで、第一回日本石干見サミットｉｎ長洲が開催された。二〇〇八年三月二一日のことであった。サミットは、田和正孝氏の基調講演と長洲、富江町、白保の代表者三名に加え、宇佐市長、長洲中学校の生徒をパネラーとするパネルディスカッションにより構成され、長洲中学校の全校生徒が出席する中で行われた。閉会式では次回開催地として、長崎県五島市富江町が指名され、引継ぎが行われた。これにより、サミットの継続的な開催が方向づけられた。

第一回サミットの開催趣旨は、「石ひび再生活動を盛り上げるため」であった。正に、このサミットによって「石干見」復元に取り組む地域が大いに盛り上がることとなった。これは長洲アーバンデザイン会議の行動力と実行力によるところが大きい。

二〇〇九年五月二四日、第二回日本すけ漁（石干見）サミットｉｎ富江が、「すけ漁再生活動を盛り上げるため」に開催された。富江町では、パネルディスカッション終了後、一〇〇名を超える参加者が実際にすけ漁体験を行うなど、盛大なサミットとなった。また、第三回を石垣島白保で世界サミットとして開催することが宣言された。

二〇一〇年一〇月三〇日～一一月一日、二〇一〇世界海垣サミットｉｎ白保（第三回日本海垣サミット）を、七か国一二地域（国内六地域、一地域はポスター参加）の参加のもとで開催した。初日は参加国会議、二日目に一般公開のシンポジウムを開いた。その目的は、「世界の人と海との良好な関係を再構築するヒントを得る」「参加地域の友好親善を図る」に加えて、「世界各地の沿岸域の暮らしと自然環境が豊かに調和する「里海（SATOUMI）」が広がること」とした。これは同年に愛知県名古屋市で開催された第一〇回生物多様性条約締約国会議を機に高まった里海に関する議論の中で、「石干見」が生物多様性の向上に寄与する可能性があることが注目されたことによる。過去のサミットを通じて「石干見」の復元、活用の取り組みの認知が広がり、社会的な評価が加えられた結果ということも出来る。「石干見」の復元・活用を里海のシンボルとし、地域が積極的に沿岸域の管理に関わっていくことを期待して、「里海（SATOUMI）づくりを目指して」をテーマに掲げている。

第三回までのサミットは、第一回サミットの参加団体の主催であった。サミットの開催に賛同し、立ち上げから協力してきた三地域が引き継ぎながら続けてきた。第三回サミットでは、第四回以降の開催地が見つかるかどうかが課題であった。しかし、この回から参加した奄美がバトンを引き継いだ。

これにより第四回は「九州～奄美～沖縄・海垣サミットｉｎ奄美」として、鹿児島県奄美市立奄美博物館が中心となり奄美群島に呼びかけ、より広がりを持ったサミットの開催となった。奄美群島は、「石干見」が数多く現存する地域として知られている。参加も過去最高の国内八地域となった。

二〇一三年三月二三日、奄美群島日本復帰六〇周年記念・平成二四年度「地域の文化遺産を活かした観光振興・地域活性化事業」として開催された第四回サミットは、その目的に「文化資源（文化遺産）としての観点から環境教育や観光資源としての活用、地域の活性化を支援すること」「海と人との良好な関係を再構築する「里海」づくりを進めるとともに、参加地域間の友好親善を図ること」「奄美地域における文化遺産の保護継承及び観光振興・地域活性化の課題や課題解決の方法、その可能性等を探っていくこと」の三つを掲げている。

三　石干見サミットの意義と成果

先にも触れたとおり、サミット参加地域はそれぞれの地域課題に対応しながら、地域資源としての「石干見」に価値を見出し、その復元、活用に取り組んでいる。復元・活用の目的はあくまでも地域内での関心に依拠したものである。一方、サミットの目的は、主催者の考えや、予算の出所により、多様化、複合化している。また、サミット参加地域全体でみると「石干見」という漁具の復元・活用の持つ価値は非常に多様なものとなっている。サミットは、参加地域が互いの活動を知ることで「石干見」復元・活用の現代的意義、多面的な価値に気付くことができる場となっている。また、回を重ねるごとに、参加団体の間で目的が共有され、それぞれに内部化されることで、全体として「石干見」の社会的な価値を高めることにつながっていると言える（図1）。

ここでサミットを通じて参加地域間、地域内での「石干見」に対する考え方の変化や深化を示してみよう。石垣島白保での復元は、サンゴ礁保全など環境問題への関心からスタートしている。また、環境保全団体ＷＷＦジャパンとの協働による取り組みであったことから、それぞれのサミットにおいて環境保全的な視点に力点を置いた報告を行ってきた。世界サミットの開催においても、生物多様性条約締約国会議の開催直後にあわせるなど、勢い環境保全的な色合いが濃いサミットとなっている。世界サミットの参加地域へは事前に「石干見」の復元・活用を里海づくりのシ

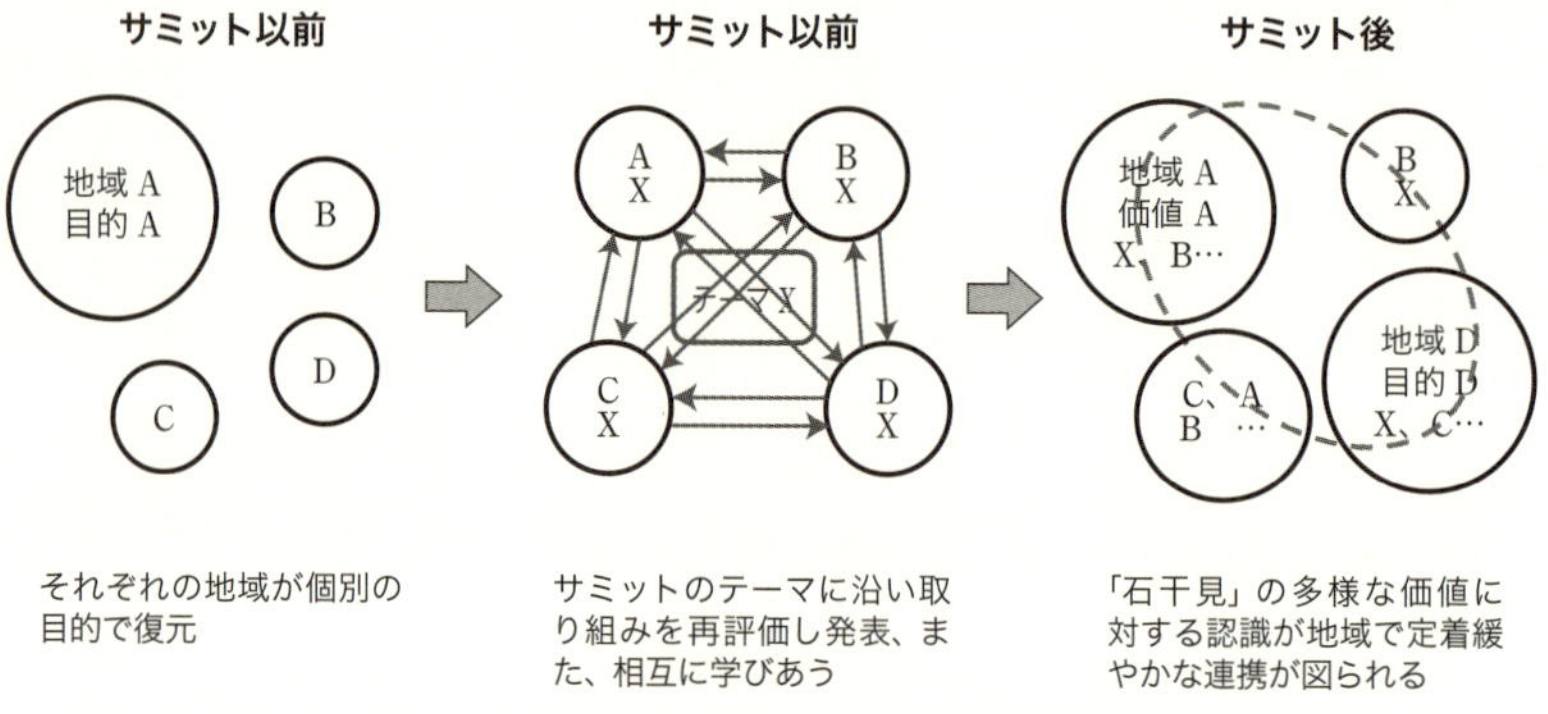

図1　サミットを通じた多面的評価及び価値の定着イメージ

ンボルと位置づけ、沿岸環境の保全と持続可能な利用についてそれぞれの地域で取り組んでいる内容についての発表を求めた。その結果、「石干見」再生と環境改善の関わりについての多様な取り組みが報告されることとなった。

例を挙げると長崎県五島市富江町での報告では、「すけ漁」の復元や観光利用の状況報告、「すけ漁」の場を使った多様な体験メニューの紹介に加えて、海水浴場の清掃で回収した海草を肥料として循環する取り組みが紹介されている。また、「すけ漁体験等を通して伝えたいこと」として、「自然の中で遊ぶ楽しさ」「食物連鎖」「人間の活動が生態系のバランスに多大な影響を及ぼしている」ことなど、〝自然環境の尊さ〟が挙げられるなど、環境教育、環境保全としての価値づけがなされている。これもサミット開催の成果の一つということができよう。

四　世界海垣サミット・SATOUMI共同宣言

二〇一〇世界海垣サミットin白保では、「石干見」の復元・活用の取り組みを持続的な地域づくりに積極的に活かすとともに、この活動を継続していくために参加地域が議論し、〝世界海垣サミット・SATOUMI共同

図2　世界海垣サミット、SATOUMI共同宣言

宣言〟を取りまとめている（図2）。同宣言は、人と海が共存していくシンボルとして海垣を位置づけ、沿岸に暮らす地域の人々が、陸、海含めた自然環境を大切にしながら、伝統的な技や知恵を受け継ぎ、その生態系サービスを十分に発揮、享受できる地域づくりを進めていくことを確認するものとなっている。ここでは世界海垣サミット・SATOUMI共同宣言を取りまとめた手順を確認しておきたい。

まず、主催者の白保魚湧く海保全協議会とWWFジャパンとの協議により、サミットの目的が設定された。その際、里海に関する議論が参考にされ、「世界各地の沿岸域の暮らしと自然環境が豊かに調和する「里海（SATOUMI）」が広がること」が目的の一つに据えられた。

白保では「海垣」の復元前後における生物の出現種数の変化などの環境調査をWWFジャパンが実施している。二〇〇六年から二〇〇九年までの結果から貝類などの底生生物の種数の増加が確認された。このことにより白保の「海垣」は、人手をかけることで生物生産性と生物多様性の向上に寄与する「里海」の事例として注目されるようになった。二〇一〇年以降の調査では、横ばいから微減傾向に転じているが、近隣の対象区との比較では「海垣」周辺部でより多くの生物が確認されている。これまでの結果より、遠浅で潮の干満のある単調な海岸に、石積みを築くことは、環境の多様化につながり、棲息生物の多様化に寄与することが示唆されている。

その他、白保では復元、活用に参加する中学生を中心に海の環境保全への関心が高まり、農地からの赤土流出防止のためのグリーンベルト設置活動や、シャコガイという二枚貝の資源増殖活動がスタートするなど、地域コミュニティが積極的に沿岸環境の管理に関わるきっかけとなっている。こうした取り組みの蓄積から、サミットの目的の一つに「里海」づくりを広めること、を掲げることとなった。

次に、この目的を参加者の間で共有するためのプロセスとして共同宣言の取りまとめを行うこととした。そもそも「里海」は新しい考え方であり、海外からの参加者との合意が必要だと考えた。参加者と主催者の間で共同宣言の素案に関する意見交換を行う中で、共通の理解を深めていくことができた。そこで、共同宣言の趣旨や目的とともに、素案を参加地域や関係する研究者に事前に送付し、寄せられた意見を盛り込み原案を作成した。サミット初日の参加国会議と二日目午前中にこの原案に関する議論を行い、参加者の意見を反映した最終案を取りまとめ、代表者の署名により同宣言の合意とした。

この世界海垣サミット・SATOUMI共同宣言は、サミット二日目の世界海垣シンポジウムの場で発表された。共同宣言は、前文と五か条の指針で構成されている。これにより伝統的な地域に伝わる知恵の活用と沿岸域に暮らす人々が積極的に沿岸域管理に参加することの重要性が国を超えて確認され、「里海」づくりに連携して取り組むこととなった。

五　サミットの今後の可能性

奄美サミットにおいて、文化遺産の保全と活用の視点が加えられたことも「石干見」再生、活用の取り組みに多面的な価値をもたらすこととなった。長崎県諫早市高来町や沖縄県竹富町小浜島など市町村の文化財に指定されている「石干見」はこれまでもあった。しかし、奄美で提言された内容は、世界自然遺産の候補となる中で、「奄美遺産を世界遺産に」をスローガンに、地域での文化遺産の見直しと遺産の管理、活用に向けたボトムアップでの取り組みという点に特徴がある。積極的に地域住民が関与し、その価値を再評価していこうとするこの取り組みは、地域の関与と内発性という点で「里海」づくりとして地域住民が沿岸域を自ら管理していこうという考え方との共通性が見られる。第四回のサミットで、改めて取り上げられたことで、今後、それぞれの地域の活動の中に明確に落とし込まれ、深化していくことが期待される。

本論で見てきたように、サミットは、持ち回りにより開催されることで、サミットのテーマが多様化し、それにあわせて各地域が自身の取り組みを再評価し、新たな価値づけを行う機会となっている。サミットは、多様な問題意識や新たな価値観を共有する場となっており、参加地域が拡大することでより多面的な「石干見」の価値の発揮につながる可能性を有しているといえる。

今後、継続したサミットの開催と参加地域の拡大が図られることで、新たに参加する地域でもSATOUMI共同宣言の考えが広く浸透し、沿岸域の生物多様性の保全と地域の活性化が地域コミュニティによって進められることを期待したい。

石垣島白保集落では、「海垣」の復元、活用をきっかけとした多様な地域活動が評価され、沖縄県公民館連絡協議会の優良公民館表彰の受賞や沖縄ふるさと百選の集落部門選出など、地域住民の誇りや海への愛着の喚起につながっている。

3 魚垣《カツ》の文化

三輪　大介

はじめに　魚垣とは何か？

沖縄では一般的に「ウオガキ」「ナガキ」「カキ」などと称される「魚垣」は、人類学用語では「石干見（イシヒビまたはイシヒミ）」と呼ばれ、半円形ないし馬蹄形に積まれた石垣の内部に干潮時に取り残され魚類等を採捕するシンプルな定置漁具（石製の梁《ヤナ》の一種）である。その地理的分布は、「オーストラリアを始めとして、東ニウギニア、ソロモン群島（ニウ・ジョージア）フトゥナ、サモア、タヒティ、フィジー等にもひろく石干見は分布し、更にフィ

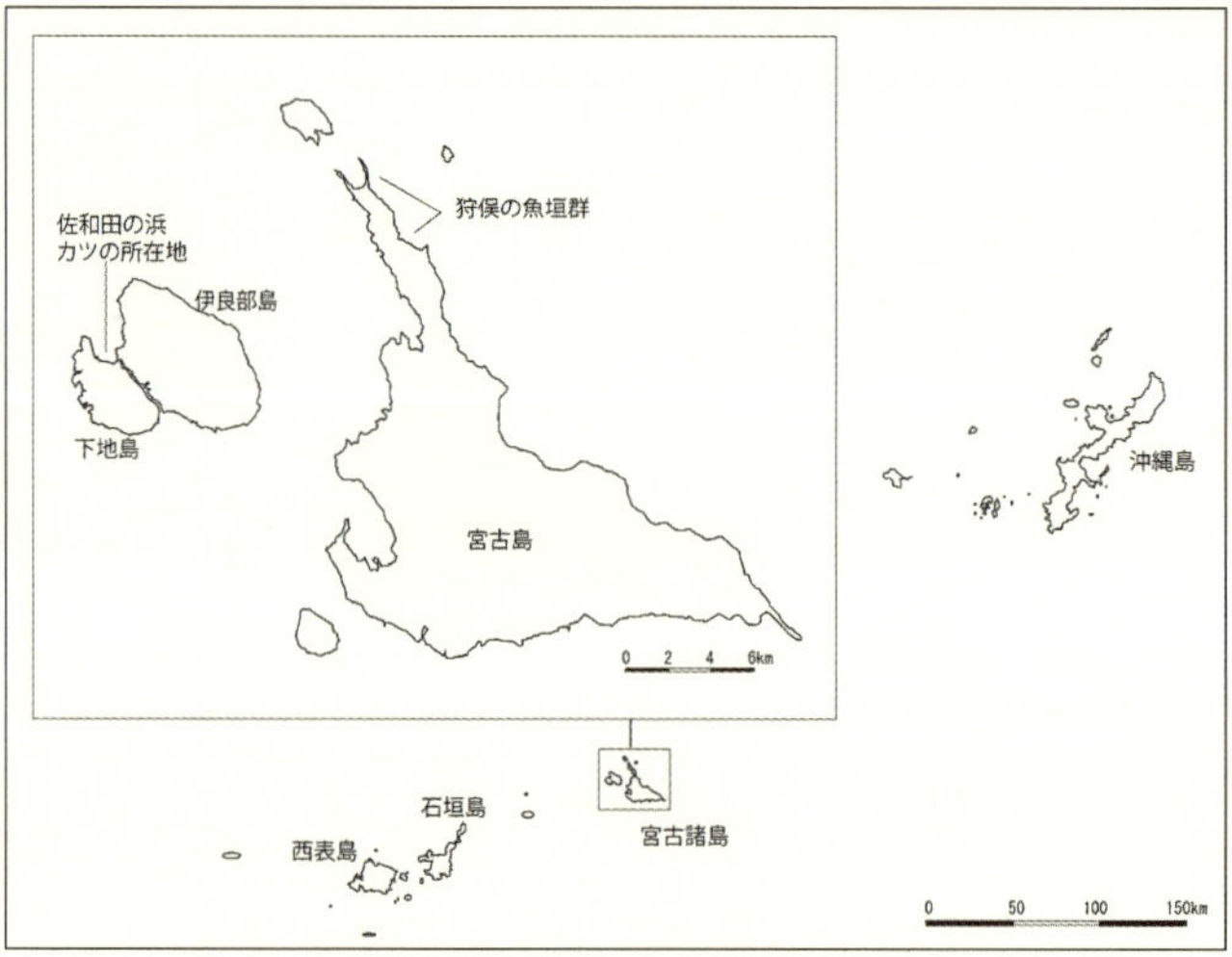

図1　宮古島・伊良部島の位置

出所：電子国土の原図を基に加工。

リピン、中国、台湾を経て、日本、朝鮮にまでも及んでいる。日本では沖縄、奄美大島、九州、五島列島、山口、和歌山などに分布している」（西村　一九六九、八七頁）。

その原初形態は極めて古い時代に出現したと考えられており、石干見に関する研究に大きな功績を残した人類学者の西村朝日太郎は、これを「漁具の生ける化石」と表現している。この半世紀で、国内の石干見の多くは放棄され、消滅の途を辿ってきた。その中で、沖縄県宮古島市の伊良部島と下地島の間に広がる佐和田の浜に、今なお奇跡的に利用・維持されている石干見が現存している（図1）。本稿ではこの「生きた」石干見に関する調査と保護の取り組みを紹介したい。地元伊良部島の長浜部落では「カツ（katsɿ）」と呼ぶ（以後、現地の呼び方に倣い「カツ」と表記する）。カツには「ヌシ」と呼ばれる所有者がおり、この長浜のカツのヌシは長浜トヨさん（七九歳）とそのご家族である。

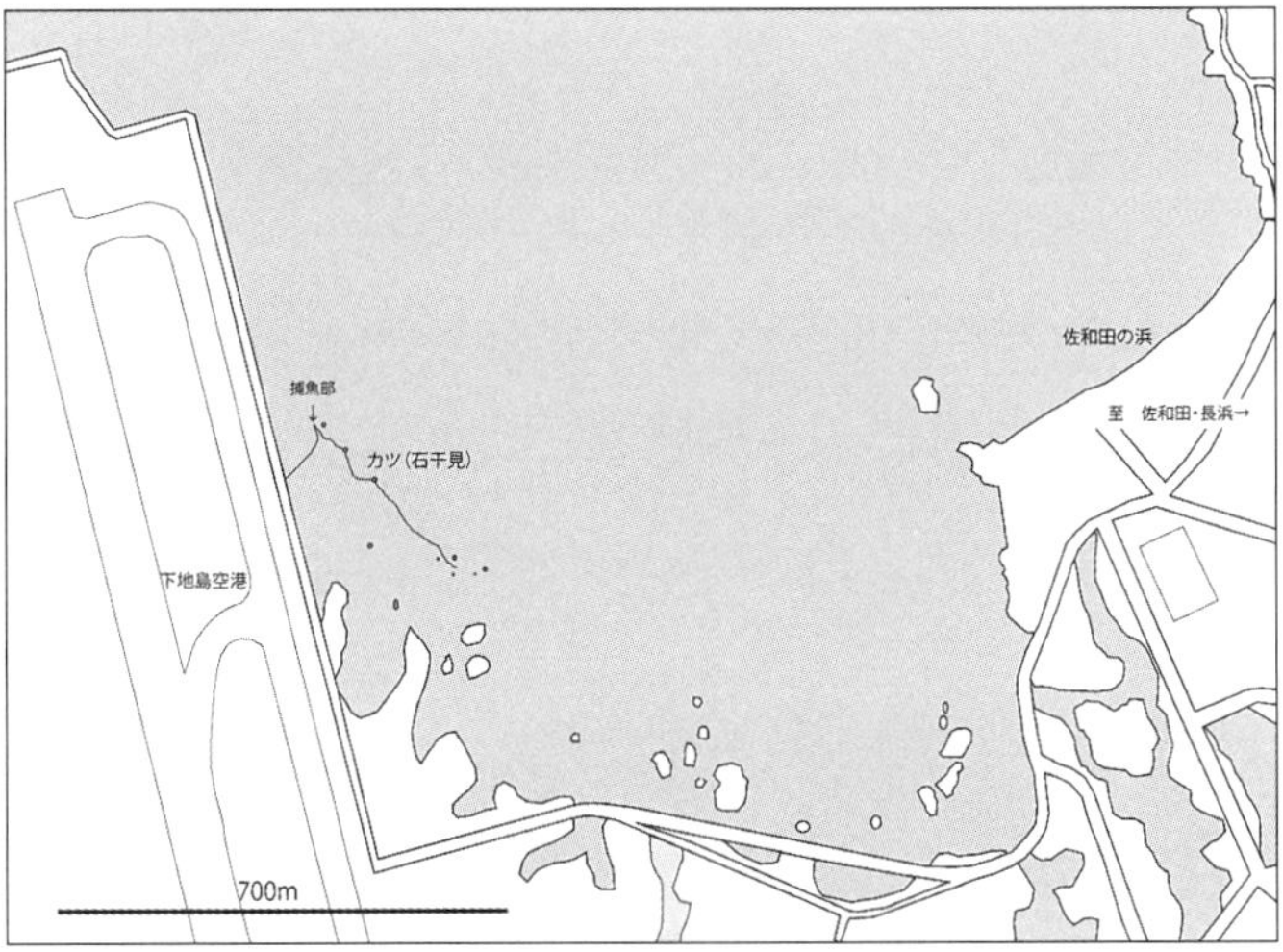

図2　カツの位置

出所：電子国土の航空写真、1977年国土地理院撮影（COK773-C5A-2）を基に作成。

一　カツの形状

トヨさんのカツは「ツドゥリャー・ヌ・カツ」と呼ばれており、ツドゥリャーとは浜千鳥の意味である[1]。佐和田の浜の非常に良く発達した珊瑚礁に囲まれたイノー（地元では「イナオ」）の西端に位置している（図2）。

下地島空港の造成（一九七三年建設）によって西側部分が大きく損なわれてしまっているが、先端の捕魚部が北側リーフ方面にあり、そこから汀線にむかって漏斗状に袖垣（ティ（手））が左右に広がっている（写真1）。カツの総延長は、捕魚部から西側の袖垣が一〇五メートル、東側の袖垣が四二七メートルで、その内側の面積は約一二五〇〇平方メートル[2]、座標は表1の通りである。

注目したいのは、その地形的特質である。宮古島北部の狩俣や佐和田の浜のような広い礁池に造られていることはこれまで良く知られているが、近年、東京農業大学農学博士の中西康博氏は、カツの形成される場所は、淡水の流入する汽水域・マングローブと深い関係がある可能性が極めて高いと

写真 1

干潮時、完全に姿を現したカツ。下地島空港側からの遠望。
2011 年 7 月 12 日筆者撮影。

表 1　カツの位置

	北緯	東経	長さ
捕魚部	24 度 50 分 15.3 秒	125 度 8 分 43.9 秒	—
西端	〃　12.7 秒	〃　42.2 秒	105m
東端	〃　8.1 秒	〃　52.1 秒	427m

指摘している。[3] このカツも、伊良部島と下地島の間に流れる水路から淡水が供給され、汽水域にはメヒルギが群生している。中西氏の仮説に従えば、マングローブのリター[4]中に含まれるタンニンが土壌中の鉄分を水溶化させ、植物プランクトンの繁殖・成長に寄与する。これを捕食する動物プランクトン、幼魚、小魚やさらに大型の魚類が礁池の奥まで押し寄せる。カツは陸と海を繋ぐ食物連鎖・栄養循環の環の中に巧みに漁撈活動を組み込んだ仕組みということになる。他地域の事例での更なる検証が必要ではあるが、地形的特性が作り出す陸上生態とカツの構築場所との関係は、今後の重要な研究課題の一つである。

袖垣

袖垣は、カツの「ティー（手）」と呼

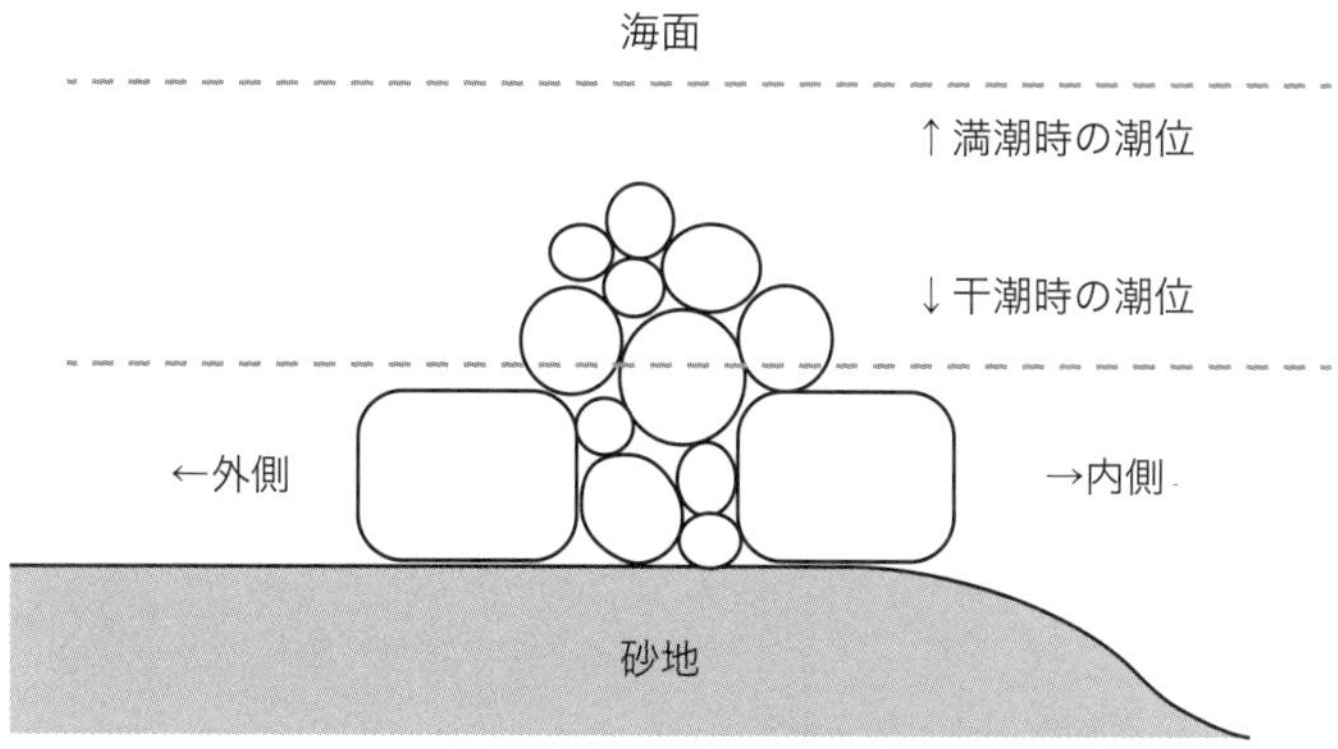

図3　カツの断面

ばれ、下地島方面に伸びる手を「パイディー（南の手）」、伊良部島方面に伸びる手を「ンスディー（北の手）」と呼ぶ。高い所で七〇センチメートル、低い所では三〇センチメートルほどである。使用されている石は転石を利用したもので、大きなものは直径五〇センチメートルほどである。所々で海底に点在する大きな岩を利用しており、目印になる重要な岩には名前が付いている。例えば、捕魚部に一番近い岩は馬の鞍の形に似ていることから「フラジ」と呼ばれている。石の積み方は、風波で石が拡散しないための工夫として、カツの外側と内側に大きな石を並べ、その間に小石を詰めている（図3）。

捕魚部

「石干見の『理念型』は力学的に風波に対して抵抗の小さい半円形である。宮古の場合は、一般的に汀線の数一〇メートル先から、沖に向かって半円形というよりは、むしろ乳房型に石で袖垣を積み重ねてある」（西村一九七九、二三九頁）と指摘されているように、宮古諸島で確認できるカツは概ね乳房の形をしており、狩俣東岸で観測できる石干見もほぼ同様の形態である。この点に宮古地域のカツの大きな特徴がある。特に佐和田の浜に点在するカツは捕魚部が開いている点で、狩俣タイプとも区別される（写真2）。

写真 2
カツの捕魚部。先端は幅 30cm 程の流路となっている。
2011 年 7 月 12 日筆者撮影。

ツドゥリャーのカツでは狭い水道となる捕魚部の出口に網を設置して漁を行うが、干潮時にはかなり速い流速となる。捕魚部の内側は外側より五〇センチメートルから一〇〇センチメートルほど深くなっているが、人為的な浚渫は行っていないとのことであったため、この速い水流がカツ内の砂礫を外側に押し流しているものと予想される。当然ながら魚類もこの流れに乗って捕魚部に集まるため、効率的に捕獲することができる。

沖に向かって捕魚部の右側には半畳ほどの広さで石が積まれており、漁をする者はこの縁に座って網を支えながら魚の群れを待つ。捕魚部は、「カツのクチ」などとも呼ばれるが、現地では「カツ・ヌ・フグル」と呼ぶ。フグルはフグリが転化したものであろう（図4）。そしてこの捕魚部に設置される網にも特徴がある。

カツ網

ツドゥリャーのカツでは「カツアン（網）」と呼ばれる特殊な網が利用されている（写真3）。長さ九〇センチメートル、直径二センチメートルほどの四本の「ヤラブギ（和

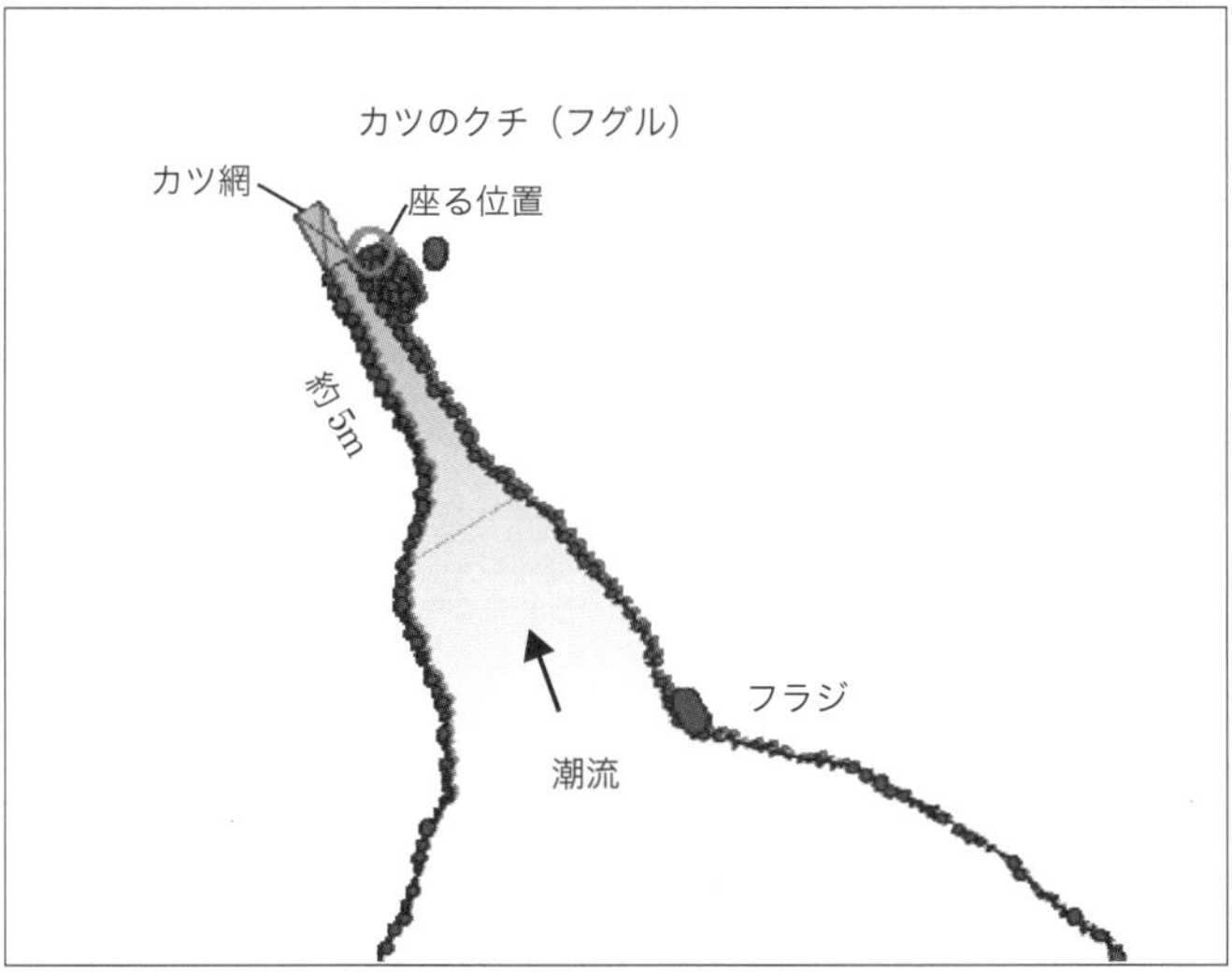

図 4　カツのクチ（フグル）

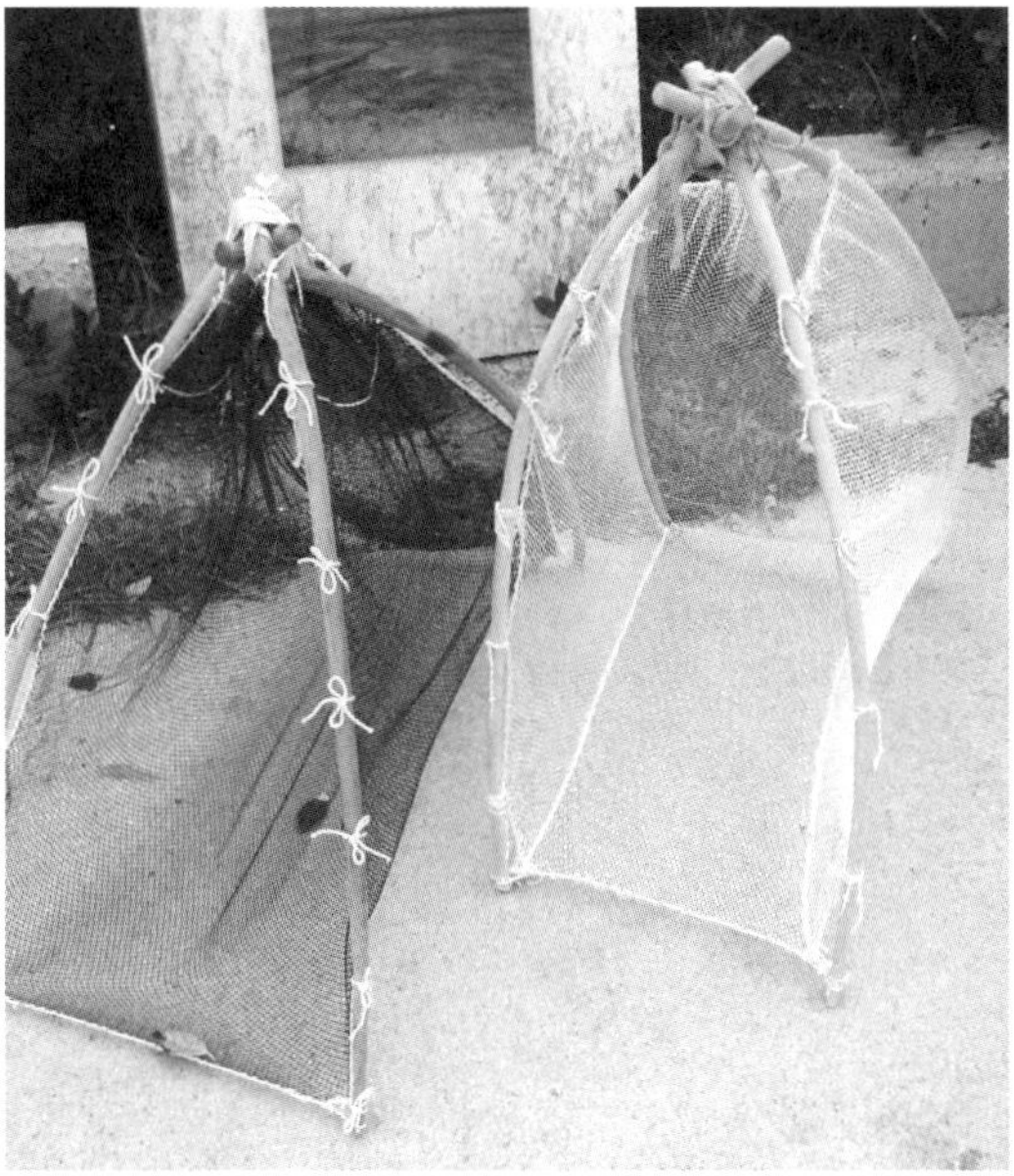

写真 3

右の白い網は長浜さんの網、左は複製した網。2011 年 10 月 1 日長江直志氏撮影。

名テリハボク)」を紐で結わえて四角錐の骨格が作られ、入り口となる正面の一面を残して周りに網が張られている。トヨさんは夫の義一さんが生前使用されていたカツ網を大切に保管されている。現在では新たに制作することができないため現存する唯一のカツ網となっている。筆者は後述するカツ体験イベントのため、以下のような作成方法を習い、複製を作成した。

ヤラブギは分枝していない真っ直ぐな所を切り取り、木皮を剥いで曲線をつけるように重しを乗せて二週間ほど陰干しする。網を固定する下端に切り込みを入れるほか、特に加工は加えない。網は市販のナイロン製の網(網目は一目一〇ミリメートル)を切り接ぎして四角錐の底面・両側面・背面に合う形に縫製する。

佐和田の浜に点在する他のカツにおいても同様のカツ網が利用されてきたのか、今後の調査で確認したい。後述するように、冬場にはカツ網の後ろにさらにナグァ(長)網を張ることもあったという。

二　カツの漁

かつて長浜義一さんから聞き取りをした記録によれば、「一日に百二十キロ揚げたこともあるという。サヨリ、アジ、ボラ、ベラ、ダツ、カワハギ、ヤクシマイワシ、アイゴ、イスズミ、フエフキダイ、ヒメジ、それにタコ、イカ、カニ類など、ときには六キロのコウイカがとれたこともある」(佐渡山　二〇〇〇、二〇頁)と魚種は多様である。トヨさんからお聞きしたところによれば、夏は小魚が多く、冬場は比較的大きな魚が捕れたという。アイゴの幼魚は「スフ」、大きなものは「パラフネ」と呼んでいた。

「昔は、天気のいい、月の晩に夜の海に行ったら、それはたくさんの魚が獲れました。大漁したら、担いで道まで歩いて、そこから馬車に乗って家に戻って。おじいさんは、昼間畑仕事をしてきても、今日、大漁するかもしれないというときは、畑から帰ると、すぐに海に行きよった。獲れる魚にはアイゴもいるし、カタカシ（和名オジサン）もいるし、サヨリもイカもいるし、エイとかも獲ったよ。なんでもいろいろ獲りました。獲った魚はみんなにわけてね。一斤、二斤と。あげもするし、お金で売る時もあるし。アイゴの子は獲れたら塩漬けです。これは旧の六月一日に獲れます。今年はウミンチュたちも大漁と言っていて、一キログラム二〇〇〇円で売っていました。夏は、アイゴの子に限らず、小さな魚がカツに入ります。ヒラメも小さいものです」。

「カツの口のところに網を置いて魚を獲るけれど、その網の後ろに、長網を張るさ。網に入った残りの魚が、この長網に入る。毎回、長網をはるわけではありません。夏は魚が小さいから、長網は張りませんよ。魚によって、網に入りやすいかどうかも違います。小さい魚は脳みそがない（頭が悪い）から、すぐに網に入るみたい。カタカシもすぐに網に入る。クブシミ（コウイカ）もあまり頭、よくないみたい。ババ（和名イスズミ）は、なかなか頭が強いから、カツ網には入らない」。

「冬の夜の一〇時とかに（海に）入るわけ。海の神様においのりしてから入るけど、そのとき、神様にもお酌して、自分もいっぱい飲んで。お祈りをすると、お酒も飲めるからね。それで帰りにもいっぱい飲んで。漁をしているときは、カツのクチの脇にある石の上に座っていてね。二時間、座っています。一人で漁をするとき、追い込みはしなくても魚はちゃんと網に入ります(5)」。

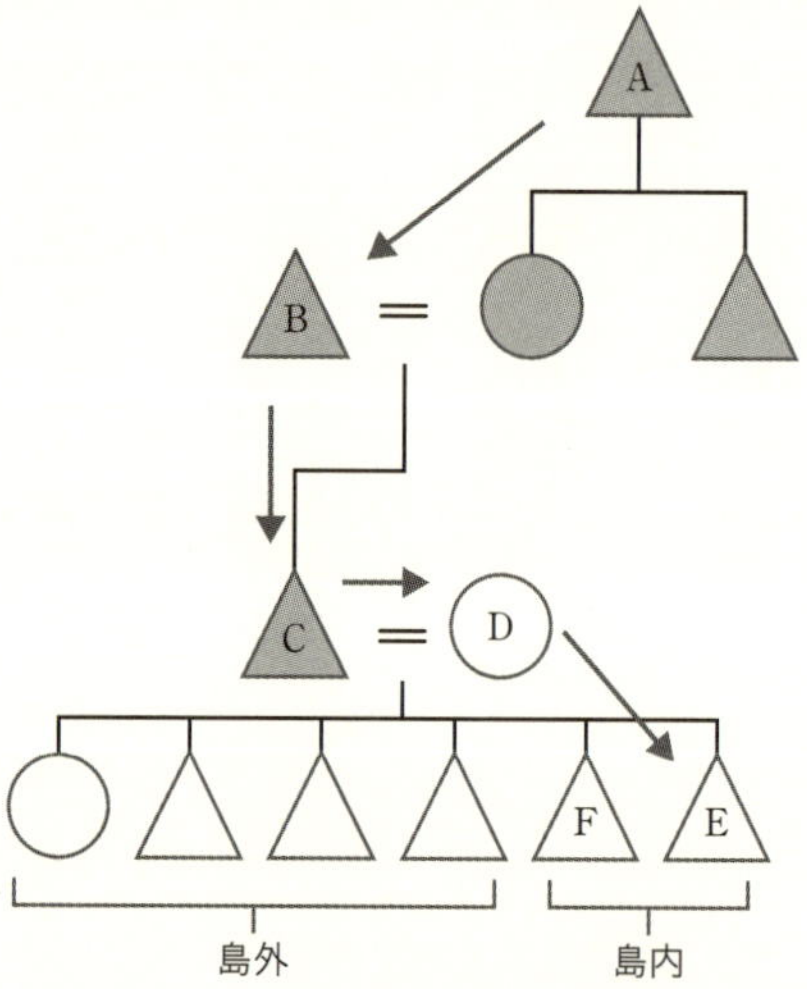

図5　カツの管理と親族関係図

△が男性、○が女性、矢印が所有の流れを示す。

三　カツの所有と管理

県下有数の美しさと面積を有する佐和田の浜には、元々七基のカツがあったと言われている（一九六二年米軍撮影の航空写真では多くの痕跡が確認できる）。ツドゥリャーのカツをいつから長浜家が所有するようになったか、正確な年代は特定できないが、宮古島市職員・仲間利夫氏の調査によれば、長浜進氏（図5中のB）が、善平氏（A）より譲り受けたのは一九五〇年頃であるという。善平氏（A）は進氏の義理の父にあたる。その後、進氏の子の長浜義一氏（C）が受け継ぎ、お亡くなりになった後は、配偶者の長浜トヨさん（D）とその子（長男E氏、四男F氏）が利用・管理を担っている。

カツは、台風時に度々損壊するため、頻繁に修復を行わねばならない。かつては家族が中心となり、親類に応援を頼みながら年四回ほど修復をしていた。近年では長男が土木会社を経営している関係から、大規模な修復が必要な時には、その従業員等に応援を頼むこともあるという。通常はカツを利用するたびにこまめに修復を行うほか、旧暦三月三日のサニツ[6]など、大潮時に長男夫婦が石積みを行っている。

長浜部落で住民の方々にうかがうと、大抵、親戚や縁者のカツのヌシから魚をよくもらっていたという。その交換方法は、金銭でのやりとり、野菜などとの物々交換、特に時期や等価値性を意識しない「お返し」の互酬など多様である。

長浜部落にお住まいの七〇代の男性Tさんによれば、「親類がカツを持っていたから、魚を買うなんて事はなかった」という。トヨさんの五男Mさんには次のようなお話をお聞きした。夜、潮をみて家族で漁に出かけるが、それなりに準備も必要であり、仕事の後だから眠い。カツに近づいてみると、誰かがこっそりカツの手前に網を仕掛けていた。ヌシ以外の人が勝手に使うことは本来やってはならないことであり、Mさんとしては網を切って捨ててもよいだろうと父の義一さんに訴えるが、義一さんはいつもあっさり家に引き上げたという。網を仕掛けた人もそれがタブーであることは十分に承知しており、それでも魚を捕らねばならない相当の理由があってのことだと、義一さんは想像されたのだろうという。トヨさんにお聞きしたところでは、自分たちが使っていないときは、他人がカツを使っていても黙認していたという。ただし、カツの石を動かしたりする行為は堅く戒められていた。

狩俣地区では、一つのカツ（狩俣では「カキ」と呼ぶ）に対して四人が株を持ち、共同で所有する[7]。これに対して、長浜地区のカツは、形式的には家族単位での私的な所有である。しかし、先述のとおり実態としてはそれほど強固な排他性を有しているわけではない。陸上の田畑などと同様に、カツは多くの資本・労働が投下されて維持されているため、ある程度の独占・排他性が社会的に認知されている。しかしそれは、近代的所有権＝「有体物に対する全面的な支配」とは質の異なる社会的な合意であるように思える。これまでの聞き取りから素描すると、豊かなイナオの恵みを享受するのは、部落で生活する全てのものという前提があり、そこでカツを造り維持するものは投下した労力に見合うだけの利用・収益が許容されるといった「緩やかな所有」である。実定法上の漁業権や所有権との関係からその解釈を考えることも重要であるが、次の課題としておきたい。

四　カツの現在と未来

近年では、トヨさん自らカツ漁を行うことはほとんどないが、外部から体験したいという申し出があった時には漁のやり方などを教えている。昨年も養護学校の生徒たちが体験してかなり魚も捕れたという。近年トヨさんが漁をあまり行っていない理由は、足腰が弱くなってきたことに加え、下地島空港建設によって急傾斜のコンクリート法面を登り降りせねばならず、カツへのアクセスが難しいためである。

西村（一九六九）はかつて、「石干見はもはやその歴史的使命、経済的機能を果たし終えたものと考えられる。漁場の総有権的性格の法的に確立した今日、地方になお燻っている石干見所有権の問題は単に法的な立場ばかりからの問題でなく、社会的経済的見地から十分反省せらるべきものと思う」（一一一―一一二頁）と結論している。西村が指摘するように、この半世紀で多くの石干見は放棄され、消滅しつつある。しかしながら、それゆえ石干見の歴史的使命や経済的機能を果たし終えたと断定することはできない。珊瑚礁が形成するイナオという空間と人々がどのようにつきあってきたのか、カツという構造物にまつわる社会関係や陸―海の生態を考えていく中で、私たちは今なお多くのことを学ぶことができる。経済学者の多辺田政弘（一九九五）は、「石干見のもつ資源保全との共存性の意味を過小評価すべきではない」（一三九頁）として、海のコモンズを支える石干見を積極的に評価している。

トヨさんのカツは、一九七九年に旧伊良部町の有形民俗文化財に指定され、近年では、水産庁の「未来に残したい漁業漁村の歴史文化財一〇〇選」にも選ばれている。「文化財」となることは様々な意味を持つ。公的な価値を付与されることは、これまで懸命に維持してきた長浜家にとってある種の誇りとなるかもしれない。しかし、カツは長年にわたって長浜家の生計を支え、苦楽を共にした大切な家産であり、今後もその維持管理を行うのは長浜家である。行政から少額ながらも補助が出るが、同時にヌシである長浜家に別種の「責任」を負わせることにもなる。行政や都市に住む私たちがどれほど積極的な意味を見いだそうと、それを維持する「担い手」の問題を解決出来ないかぎり、無責任なことを言う訳にはいかない。近年の棚田保存などと問題は似ているかもしれないが、その価値を判断するのはその土地に住む人々、また今後その土地で生きていく人々である。そのような考えから、長浜家の方々、文化財を所管する宮古島市教育委員会、筆者の所属する沖縄大学地域研究所と相談を重ね、一つの企画が試された。

五　あらたな展開

企画は、イナオの自然やカツについて学び、カツ漁の体験とカツの修復を行うことを目的に、「魚垣（カツ）を知って守って考える集いｉｎ伊良部」と銘打ち、地元の伊良部高校の生徒、沖縄大学の学生が中心となって二〇一一年一〇月一日と二日に実施された（写真４・５）。この詳細はいずれ報告書の様な形にする予定である。台風接近の影響からカツ漁や修復が短時間しか行えず不十分な結果となってしまったが、非常に多くのご参集を頂き、次につながる催しになったかとは思う。今回の企画を契機として、島で子どもたちの自然学習をしている方々や、カツを研究している方々とともに、継続的な調査・研究や修復の企画案も出始めている。伊良部島に住む小学生や高校生は、はじめてカツに触れ、トヨさんのお話に耳を傾けた。生物クラブに所属するある高校生は、今まで自然観察をしてきた

写真 4

カツの学習・修復イベントにて、長浜恵さんに石の積み方を習う。
2011 年 10 月 1 日長江直志氏撮影。

写真 5

カツの学習・修復イベントにて、伊良部の高校生、那覇の大学生、
島の住民たちがトヨさんのお話を聞いた。
2011 年 10 月 2 日中田祐二氏撮影。

が、自然と人の暮らしが直接的に繋がっていることに興味を覚えた、と感想を聞かせてくれた。

「自給自足の昔から、島の人々に海の幸を供してきた垣のはたらきは大きい。垣は限られた人たちの所有になるものではあるが、垣でとれた物は四季折々に、ムラの共同体の人々にも分けられ食卓を賑わした」（佐渡山　二〇〇〇、二一頁）と、宮古の民俗研究者・佐渡山正吉氏が指摘するように、人々はイナオの恵みを分かち合ってきた。今回の催しと調査を通じて、トヨさんをはじめ、カツに関わってこられた方々から多くの事を学んだが、そのメンタリティーをここでは「分かち合いの文化」と呼びたい。何かを自分の物にしてしまう事よりも、それを仲間と分かち、共に食べ、共に楽しむことに大きな満足を見いだす文化である。そしてそれは、良好な自然環境が担保してきたという事実も無視できない。社会関係の変容と自然環境・民俗文化の衰退が同時進行していく中で、「分かち合いの文化」の探求にはとても大きな意味があるように思える。

注

（1）トヨさんの義理の父にあたる長浜進さんは、大変「アヤグ」（宮古の歌謡）が上手な方で、夜明けと共に歌いながら仕事に出かけ、その歌を聴いた人々が、美しい声で鳴く浜千鳥のようだと言ったことから、長浜家の愛称、半ば屋号のように長浜家を「ツドゥリャー」と呼ぶようになったという。

（2）実測が困難であったため、国土地理院の「電子国土ポータル」サービスを利用して計測した。一九七七年国土地理院撮影（COK773-C5A-2）を基に計測。

（3）二〇一一年一〇月一日、後述のイベントの一環として行われた中西康博氏の講演。

（4）下層に落下し堆積した落葉、枝、花、種子、樹皮など。

（5）二〇一一年一〇月二日、イベントの一環として長浜トヨさんのお宅にてお聞きした。沖縄大学の盛口満氏の聞き書きメモから引用させて頂いた。
（6）大潮にあたるこの日は、家族や親類、仲間たちと浜へ降り、潮干狩りや飲食を楽しむ。元々は女性が海に浸かって身を清める意味があったという。沖縄島では「ハマウリ」と言う。
（7）詳細は佐渡山（二〇〇〇）、西村（一九七九）を参照。

参考文献

佐渡山正吉（二〇〇〇）「イノーの民俗」『宮古研究』八、一〇―二二頁。

多辺田政弘（一九九五）「海の自給畑・石干見――農民にとっての海」鶴見良行・中村尚司編『コモンズの海』学陽書房、七一―一四三頁。

西村朝日太郎（一九六九）「漁具の生ける化石、石干見の法的諸関係」『比較法学』五（一・二）、七三―一一六頁。

西村朝日太郎（一九七九）「生きている漁具の化石――沖縄宮古群島における kaki の研究」『民族学研究』四四（三）、二二三―二五九頁。

※　科学研究費補助金・特定領域研究『持続可能な発展のための重層的環境ガバナンス』「グローバル時代のローカル・コモンズ」研究班発行のニュースレター『Local Commons 16』2012, pp. 21-26「初出」。

report

八重山・白保の「海垣」

石垣　繁

はじめに

サンゴ礁（自然）と人々との実体的なかかわりを研究するには、自然（生態・地形）そのものについての、ある程度の理解が不可欠である。

ところで、サンゴ礁に関する自然科学の研究は、近年めざましい成果を上げつつあり、学術論文だけでなく、一般向けに書かれた単行本も相次いで刊行されるようになっている。それに比べ「サンゴ礁と人」に関する人文・社会科学の研究は、史料らしい資料の無いのが現状である。

その中にあって南島の「海垣」についての研究は、喜舎場永珣『八重山民俗誌』（一九三四年、再録一九七七年）によってはじめられ、文化人類学の研究では西村朝日太郎（一九六九年、蒲生正男外編『文化人類学』）等がある。

そこで、ここでは先学に学びつつ、八重山・白保の「海垣」について述べてみたい。

一　南島のサンゴ礁の形態

目崎茂和（前三重大学教授）は、サンゴ礁の形態を大きく三つのタイプに分けている。

①　干瀬型
一面、岩盤の干瀬だけで構成されるサンゴ礁（サンゴ礁の幅は、通常三〇〇メートル以下）。

②　干瀬・イノー型
外側（沖側）に外洋の波がそこで砕ける干瀬があって、その干瀬の内側にイノーを抱えるようなサンゴ礁（干瀬は干潮時には通常干上がり、したがってサンゴ礁ほとんど見られない。イノーの中には杖状サンゴ「ミドリイシ」や塊状サンゴ「ハマサンゴ」などが生息している）。

③　イノー型
干瀬を持たないイノーだけで構成されるサンゴ礁（干潮時でも海岸付近のわずかな範囲を除いて、ほとんどが干出することはない）。

＊①、②は風上側、外洋側に多く見られる。③は風下側や内湾部などの遮蔽的な海域に分布する。

以上の分類で知られるように、サンゴ礁の地形を構成する主要なものは「干潮」と「イノー」である。前者は（地形学の用語で）「礁嶺」と呼ばれており、通称「リーフ」ともいう。後者の「イノー」は、その干瀬の内側に広がる静かな浅い水域を指し、（学術用語で）「礁池」またはラグーン（浅礁湖）と呼ばれている。

二　サンゴ礁をどのようにとらえるか

サンゴ礁の日常的な利用の研究において、サンゴ礁をどのような存在として理解するかは重要なキーワードである。以下は、これまでの研究者諸氏の見解である。

①　島袋伸三（一九八三年）
サンゴ礁は「日常的生活の空間」である。

②　大島襄二（一九八四年）
リーフの内側はある意味では陸地の延長である。

③　玉野井芳郎（一九八五年）
浜辺からリーフにいたるまでの間の独特の空間。

④　目崎茂和（一九八五年）
（南島の）サンゴ礁は「基本的に陸」である。（サンゴ礁も陸地と同じく島の生活にとって重要な存在である）。

⑤　渡久地健（一九八八年）
サンゴ礁は「陸」と「海」とを兼ね備えた両義的世界である。広い礁原を持つ南島のサンゴ礁は水を湛え「海」

の性格を帯びる。一方、干潮時には広く干上がるか、少なくとも深さ一メートル程度の容易に渉猟可能なごく浅い部分が広がり、この時サンゴ礁は「陸」的の性格を持つことになる。

⑥ 多辺田政弘（一九九〇年）

歴史的にみてみると、本来イノーの権利は専業漁民のものでない。集落の入会権そのものであり、農民の陸（共同利用地＝入会地）の権利の延長である。

三 「海垣」について

海垣は、白保の方言で「インカチ」と呼称される旧来の漁法で、網の無かったころに祖先が構築した定置漁具である。本土においては「石干見」と呼ばれる。「海垣」は島人の長い体験にもとづいて考え出された伝統的な魚類採集法であるといえる。

海洋民族学者の西村朝日太郎（早稲田大学名誉教授）は、「漁具の発展史より見て、石干見は最古の定置漁具、場合によっては、世界最古の漁具であるかも知れない」と称し【生きている漁具の化石】と絶賛している。

八重山諸島の海岸線を散見してみると「海垣」は、ラグーン（浅礁湖）の中でも、とりわけ遠浅の地形を利用して構築されている。島人は潮の干満と魚の習性を観察して、海岸あるいは海岸に沿ったサンゴ礁上に石垣を半円形に積みめぐらしている。

石垣島の東海岸に面する白保、宮良、大浜には今でも「海垣」が現存している。小浜島にも二七基の「海垣」が確認されている。

四　白保村の「海垣」

白保村（ムラ）は石垣島の東南にあって、石垣市の市街地の四箇（登野城、大川、石垣、新川の集落）の東方約一〇キロメートルに位置する集落である。

白保集落の東海岸にはフタナカからカラ岳にかけて一〇数基の「海垣」が点在していた。『白保村史』（白保村史調査編集委員会）によると、白保地域の「海垣」（魚垣）は、五つの区域に分けられて、その位置と名称が記されている。

○カラ岳　①ウスパレ（内原）

○ヤギバル（ウヤギバルが正しい）　①フトゥムレ（大泊）、②メーレ（宮良）、③フクナゲ（福仲）、⑧イリシマナゲ（島仲）

○アナピケ　①シマナゲ（島仲・ガザン）、②ピサテ（東内原）

○シトゥルシ（轟川）　①シキメ（崎山）、②ンゲ（迎伊）、③トーヒ（多宇）、④メンダレ（官長）、⑤カビレ（東川平）

○フタナカ　①カーレー（嘉良）、②ユムチェー（世持）、③フタムレ（普田盛）、④ユヌムレ（米盛）

このように白保村の「海垣」は、ある一定の間隔をおいて独立して構築されている。その中で最も古い「海垣」は、白保集落に近い南端の「ユヌムレ」（米盛家）の「海垣」だといわれている。ちなみに米盛家は一七七一（明和八）年の大津波後に波照間島から奉遷した波照間御嶽の神元である（波照間島には「海垣」は、古くから無かったといわれている）。

ところで、西村朝日太郎は『八重山文化論叢』（喜舎場永珣生誕百年記念論文集）で、白保と大浜の「海垣」（石干見）を比較して、次のように述べている。

白保の「海垣」（石干見）は、構造上から分類すると「独立型」であり、形態学的に観ると類型的な半円形であり、境の中に三ケの捕魚部kumuruがある。一方、石垣市の大浜の石干見は白保と対蹠的で「依属型」である。

また、「大浜と白保では石干見の所有・使用権の形容においても対蹠的で前者は個人所有権的であり、後者は共有権的である（三七頁）」と述べている。

そのことについて、私は前者の大浜が共有権的であり、後者の白保が個人所有権的であると考察している。そのことは前に述べた白保の「海垣」が、屋号を冠して呼称されていることからも知れる。大浜の「海垣」は、御嶽との関係から見ても共有権的である。

むすびに

この論考は、一九八九年度のトヨタ財団の第五回学術コンクールに「サンゴ礁文化圏の自然生活誌（八重山白保部落のイノーと暮らし）」で応募し、その助成を得てつくられた「魚垣の会」の会報（五）に載せた「海垣について」を改稿したものである。

report

龍郷の「カキ漁」について

當田　嶺男

私が、小・中学校の頃（昭和二〇年代）、遠浅の浜に石垣を積んで囲いをしてあるのを見かけたのが記憶に残る。『龍郷町誌 民俗編』（一九八八）によると、「カキ漁とは、波静かな湾内や遠浅の磯に、石垣を積み上げて潮だまりを造り、干潮時に石垣内に取り残された魚を捕る漁である。このカキ漁は、海岸線が入りこんでいる場所の多い本町においては大正のころまで盛んに行われていて、二十数基のカキがあったという。

カキは、東シナ海側の湾内やリーフ内、笠利湾内の浅いところにしか見られず、春から夏にかけて波の荒い太平洋側には造らなかったという。現在数基のカキ跡が残っており、屋入においては、直径約二十数メートルのカキが今もなお残っている。

カキ漁は、旧暦の正月が過ぎ、波静かな干潮時を利用して石垣の積み直しから始める。秋名のジュウタロウガキと呼ばれた垣は、高さが一メートル余りもあり、石垣の積み直しが大変なため、数名で組合をつくり作業にあたったという。

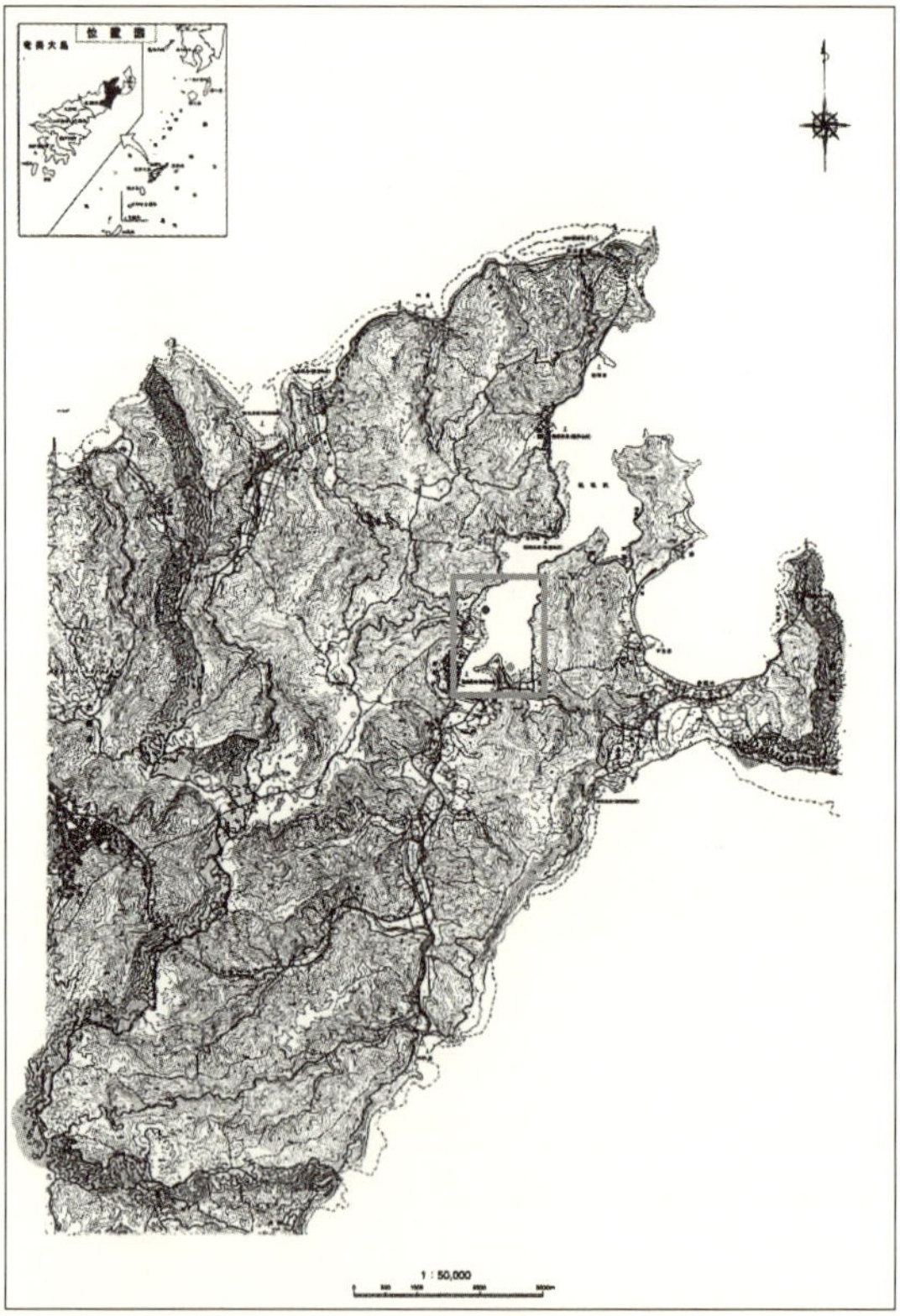

図1　龍郷町

この積み直しを終える三、四月のころには、キビナゴ、五月には、オオサバなどが産卵のためなどに岸辺に近づくため、一年を通してこのウリズンのころが最も盛んであるという。魚の大群がカキに入ると、家族全員あるいは隣近所総出で、サデアミやサンバラなどで魚を捕っていたという」(一部略)。

昨今、全国的に昔からの伝統漁法であるカキ漁（石干見ともいう）を守ろうという動きがあり、二〇一三年三月、「九州～奄美～沖縄・海垣サミットｉｎ奄美」が開催され、龍郷町（図1）のカキ漁について発表したが、さらに一冊の報告書としてまとめたいとの事で原稿を依頼されたので、執筆する次第である。

発表の機会に、今でも利用され、管理されているという龍郷湾内にある二

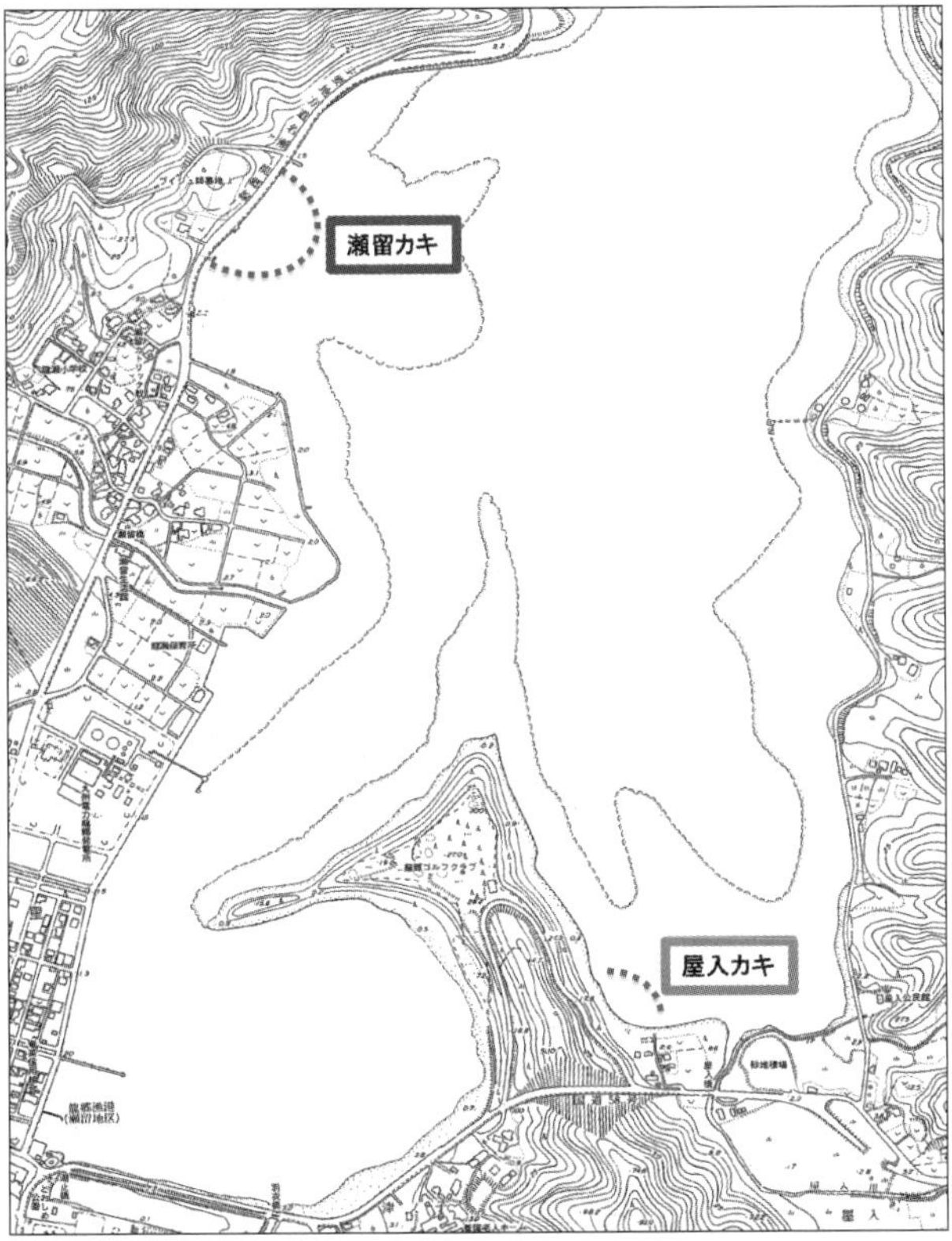

図２　龍郷湾内にあるカキ

基のカキを訪ねた（図２）。その中の一基は龍郷町役場から国道五八号線を空港方面に向かって、浦の橋立と更にその先にある小高い丘を越えた屋入集落の湾内にある。それは「ウチヤニョのカキ」というが、柳田政廣氏が管理しており、大潮時には、漁ができるという（写真１）。

もう一基は、龍郷湾の奥部に位置する瀬留集落にあるカキである。カキを使った漁法を平家が伝えたといわれていることから「平家漁法跡」とも呼ばれている。かつては瀬留集落の湾内には数基、その跡が確認されていたが、現在はその一基のみ姿を留めている。瀬留カキは、青木武雄氏が管理しているが、自身が高齢のため積み直しができないので、今では全く漁はできないとの事である（写真２）。

写真１　屋入カキ

写真２　瀬留カキ

龍郷湾内二基のカキの内、瀬留カキについては、このまま放っておくと、いずれ風化して無くなる恐れがある。そこで、瀬留在住の文化財保護審議委員の一人である岩切順夫氏に頼んで、カキの復元と利用のあり方について、管理者である青木氏と話し合ってもらった。その際、青木氏からは、今後の管理維持については、私ども、文化財保護審議委員が考える方向に任せたいと言われた。

そこで、これからも瀬留カキを残していくために、①地元集落、②地元小学校（龍瀬小学校）や瀬留集落の子ども会育成会、③龍郷町教育委員会（文化財保護審議委員会）のいずれかが主となって、または共同で、集落の財産として管理維持していく方法を検討してみたいと思う。いずれにしても、町からの公的な支援が必要不可欠である。

以上のように、龍郷における「カキ」の姿、「カキ漁」の姿を復元し、昔の暮らしの一風景を次の世代に伝えていくための方法について考え、計画を進めているところである。

参考文献

龍郷町誌民俗編編さん委員会編（一九八八）『龍郷町誌　民俗編』龍郷町教育委員会。

4 スクイ（石干見）に思いを馳せて

中山 春男

はじめに

スクイ（石干見）は、かつては小・中学生にとっては人気のある海水浴場のひとつであった。当時、学校にはプールがなく、子供たちは夏休みになると待ち兼ねたようにスクイに集結し、連日賑わいを呈していた。その頃、子供時代を過ごした私自身、スクイの存在に特に疑問を抱くことはなく、当然在るべきものとして捉えていた。ただし、スクイ内の魚を捕獲したりすると、大人に大声で怒鳴られたことは記憶に残っている。その時、これは個人の所有なのかと不思議に思った。しかし、スクイでの海水浴が問題になることは特段にはなかった。昭和四十年代後半から小学校を対象にプールが徐々に造設され始めた。

一九九八（平成一〇）年九月二四日発行の私のエッセイ集『青楓』の一項に、「「石干見」（スクイ）考」としてかねてから抱いていたスクイに対する考えの一端を述べたことがある。それを要約すると、以下の五点である。

一　『島原の歴史（藩制編）』を読み、スクイの歴史的存在に気付いたこと
二　スクイを歴史的遺産として捉え、保存していくことの必要性を強く感じたこと
三　崩壊しているスクイの現状回復が急務であること
四　児童・生徒の学習の場、海水を利用した体力増進の場としての活用が可能であること
五　青少年健全育成、一般市民の健全なレクリェーションの場として活用が可能であること。

以上のようなスクイに関する問題については、市民の関心も高く、二〇〇四（平成一六）年、島原市議会で初めて、長浜海岸に崩壊しながらも唯一残っているスクイの問題が提起された。これを機に論議が深められ、スクイの必要性は認められたものの、併せて所有権の問題も解決する必要があった。その後、市当局の精力的な働きにより、二〇〇六（平成一八）年三月、長浜地先のスクイはスムーズに民間から市への払い下げ手続きが終了し、完全に市の所有物となった。

一　「みんなでスクイを造ろう会」の発足

長浜のスクイは長年放置されていたので、かなり崩壊が目立っていた。そこで島原市は、所有権が市に移行したのを機に、五百万円を投入し、二〇〇六年六月に補修工事に着工、八月九日には工事が完成し、スクイは往時の姿をよ

みがえらせた。ところが、その直後に襲った二度の台風により石積みは脆くも崩壊、元の姿を曝け出してしまった。この種の工事が如何に難事であるか思い知らされた。

二〇〇八（平成二〇）年六月一七日には、有志数名が市役所に参集し、農林水産課職員を交えてスクイの今後の在り方について議論を深めた。台風の度ごとにこういう状態になるようであれば、潤沢とはいえない市の財政事情を考えたとき、スクイの維持管理を市民の手に委ねるしかないのではないかとの結論に達し、今後、これを市民のボランティア活動として進めていくことを確認した。そこで、直ちに出席者を中心に会を立ち上げ、正副会長、事務局長の選出にいたった。スクイは市の所有であり、市民共有の財産であることから、本会の名称を「みんなでスクイを造ろう会」と命名し、即日発足の運びとなった。以下の通り、会則も定めた。

みんなでスクイを造ろう会会則

〔名　称〕

第一条　本会は「みんなでスクイを造ろう会」（以下、会）と称します。

〔目　的〕

第二条　本会は島原半島に唯一現存しており、島原市新田町地先に残る古式漁法「スクイ（石干見）」の保全を通じて、子どもたちや市民・観光客に活用の場を提供することを目的とします。

〔活　動〕

第三条　本会は年間計画を策定して、以下の活動を行います。

①台風などの高波で壊れる「スクイ」の保全・補修活動を市民に呼びかけ適宜、実施します。

②子どもたちや企業・団体の自然体験や学習機会の提供・協力のため案内ボランティアを養成します。

③スクイや周辺の動植物の調査を行い市民に公開します。
④スクイ及び周辺の清掃活動を実施します。
⑤スクイ保全の活動を通じて会員の親睦・交流をはかります。
⑥先進的活動を実施されている地域との交流を図ります。
⑦その他。

〔会　員〕
第四条　本会則に言う会員とは、会の主旨に賛同して入会し、会員登録を済ませた人を言います。

〔役　員〕
第五条　本会に次の役員を置きます。
①顧問：若干名　②会長：一名　③副会長：若干名　④事務局長：一名　⑤理事：若干名
⑥会計：一名　⑦監査：二名

〔職　務〕
第六条　役員の任務は以下の通りです。
①顧問は会の事業・運営に適宜、助言を行います。
②会長は「会」を代表し会務を統括します。
③副会長は会長を補佐し、会長事故あるときは会務を代行します。
④事務局長は会務全般の事務を掌握します。
⑤理事は各部門で事業の推進を図ります。
⑥会計は「会」の会計を管理し総会時に報告します。

⑦監査は「会」の会計を監査し総会時に報告します。

〔総　会〕

第七条　総会は毎年一回開催して、次のことを決めます。但し、必要ある場合は臨時に総会を開催することができます。

①会務・会計の報告　②決算の承認　③事業計画の承認　④予算の議決　⑤役員の選出

⑥規約の改正　⑦その他

〔役員会〕

第八条　役員会は会長・副会長・事務局長・会計で必要に応じ開催して、年間計画の策定や活動計画を立案し実施します。

〔事務局〕

第九条　本会の事務局は事務局長の自宅に置きます。

〔会　費〕

第一〇条　本会の会費は年額個人一〇〇〇円、団体五〇〇〇円とし、会員は年度ごとに適時納入します。

〔付　則〕

第一一条　本会の会則は、平成二〇年（二〇〇八年）六月一七日より施行します。

平成二三年六月二二日、第四回総会にて改正（個人会費五〇〇円を一〇〇〇円に）。

二　歴史的遺産としてのスクイの保存と継承

前述したエッセイ集の要約一、二に述べたように、島原半島有明海沿岸では、日本一大きな干満差を利用して、かなり古くからスクイが造設されていた（表1）。古式漁法が盛んであったことが容易に想像できる。因みに一七〇七（宝永四）年には一五八基の存在が確認されている。この数字は、古文書「島原御領村々大概様子書」中に記載された検地の結果から、文化人類学者西村朝日太郎氏によって明らかにされたものである。二一六基と最も多かった一八九二年を境に諸々の原因で崩壊が目立ち、現在は唯一島原市に一基を残すのみとなった。

このような歴史的背景から、先人が残してくれた貴重な遺産を次の世代に向けて確実に継承していくということが、我々に与えられた責務であると考えている。スクイを文化財として残していくか、他の何らかの方法を講じて残すか議論の余地はあるが、いずれにせよ保存していくことに変わりはない。ただし、文化財として保存していこうとすれば、原状を維持しなければならない義務がある。活用の仕方によってはある種の制約が伴ってくるのはやむを得ない。現状では、あくまで活用を伴った保存方法に重点を置いている。したがって、どのような形で残すかについては今後の課題として捉えたい。

表1　島原半島におけるスクイの変化

村　名	1707年	1887年	1892年	1897年	大正年間	1929年
山　田	13	4	3	1		
守　山	13	6				12（0）
三　室	12	7	13	12	12（0）	
古　部		21	16	15	12（0）	
伊　福	8	8	7	7	9（0）	
伊　古	3	12				
西　郷	5	16	22	23	16（9）	9（2）
神　代		10	21	16	15（8）	9（2）
土　黒	34	17	19	17	13（5）	14（2）
多比良	10	13	10	8	9（4）	9（2）
湯　江	13	20	11	11	9（4）	7（2）
大　野	14	6				
東空閑	2	1	17	15	16（6）	
三　会	10					
三之沢	11	22	21	19	16（4）	13（0）
島　原				3	5（3）	2（0）
安　中			4	7	5（0）	6（3）
深　江		1	1	1		
布　津		14	11	11	7（5）	3（0）
堂　崎		18	15	15	16（10）	8（1）
東有家		13	15	11	9（4）	2（0）
西有家		6	8	8	4（2）	5（1）
加津佐	1			2		
南串山	3					
北串山	1		1	2		1（1）
口之津	5					
計	158	215	216	204	173（64）	100（16）

注1：（　）内は破損しているスクイの数。
注2：1907年：「島原御領村々の大概様子書」西村朝日太郎（漁具の生ける化石・石干見の法的諸関係　比較法学5-1·2、1969）1887、1892、1897年：瑞穂町·瑞穂町史、1988。

三　「みんなでスクイを造ろう会」の活動

みんなでスクイを造ろう会は発会以後、以下のような各種の取り組み、運動を実施してきた。

(1)　先進地での研修

ア　長崎県諫早市高来町

二〇〇九（平成二一）年三月二九日、海岸は風が冷たく、沖波が立っている。スクイは海岸線よりやや沖の方に造成されており、スクイまではまるで敷きつめられたように貝殻が散りばめられていた。このスクイは、諫早市高来町金崎、中島安伊氏個人の所有である。スクイ入口の説明版には次のように記載されていた。

水の浦のスクイ漁場
（昭和六二年指定文化財）
すくい漁は、有明海の特質である干満の差の激しさを利用して魚を捕るという干潟地域特有の最も原始的で大掛かりであり、歴史の古いと思われる漁法である。満潮と共にすくいに入った魚が引潮に従い、オログチ近くの遊水地に集まるようにして捕獲するものである。
「すくい」は有明海沿岸一帯・肥後・筑後・島原半島沿岸一帯には、江戸時代から明治の中頃まで二百箇所以上見られたが次第に荒廃し姿を消していった。

県内唯一、往時の姿を留めるこの水の浦の「すくい」は健在である。

平成十七年三月一日

諫早市教育委員会
高来文化協会

高来のスクイは、島原のそれと比較すると規模は若干小さいがガタツキが設けられていない。カキ殻の付着のせいでもあるが、技術的によく考えて積んである。これは勉強になった。かつては、ボラがコンテナ二〇～三〇杯も入り処理に困ったこともあったという。スクイの中には大小の石が散在し、深奥部には竹が打ち込んであった。これは魚を捕獲するための便法であるとのこと。設置年は不明であるが、おそらく江戸末期頃であることは間違いなかろうということであった。

台風の度に修復しなければならないということであった。この点、島原のスクイも同じである。最近、スクイの研究のため、関西から大学の教授が学生を連れて研修に訪れる機会もあったそうである。地理学や民俗学の見地から学術的な研究が進められていくことは、スクイに関わっている我々にとっても喜ばしいことであり、機会を見て研究の成果を披瀝していただければこれ以上の喜びはない。

イ　大分県宇佐市

二〇一〇（平成二二）年四月一七日～一八日、宇佐市を訪問。宇佐市観光文化振興係の城隆弘氏と、「長洲の町のこれからを創造する長洲アーバンデザイン会議」ビーチクリーンアップ実行委員長、蔦田久生氏から一時間余りにわたって石ひび（石干見）について詳細に説明を受けた。資料もたくさん頂戴した。

現在の宇佐市は、二〇〇五（平成一七）年三月三一日、旧宇佐市、院内町、安心院町が合併して新たに誕生した。当時の人口は六万二〇〇〇人強であった。

「合併市町村地域資源活用事業」の一環として、「石ひび再生事業」が立ち上がり、再生と活用に向けて本格的な取り組みがはじまっている。事業目的は、古式漁法石ひびを復活させ、体験型観光資源として活用することである。具体的な実施事業として、①石ひび再生事業、施設整備（石ひびの構築、浜焼きブース等の設置）、②竣工式を兼ねた古式漁法体験及び浜焼きの提供、がおこなわれた。一連の事業を通しての効果として、全国各地から石ひびについて問い合せがあり、宇佐市発のブルーツーリズムとして売り込む態勢を整備することができたという。更に浜焼き施設の完成によって、石ひびとの相乗効果により、より多くの観光客誘致が見込める体制ができたとのことである。また、宇佐市豊の海観光協議会ひび部会・浜焼き部会が中心となり、石ひびを中心に据えて市民の一体感が醸成されつつある。今後は石ひびを活用した様々なメニューを作成、多様な観光客のニーズに応えていきたいと意欲に燃えている。

石ひびを中心に市民が伝統の重みを感じ取り、そればかりか子供たちが学校教育の中で石積み体験を通じて石ひび保存の重要性を深めているという。このことは、我々にとっても大きな示唆を得ることになった。島原におけるスクイの保存と活用に関する今後の取り組みに大いに参考になった。

(2) 会員研修

本書の編者である田和正孝氏を囲んで何回か話す機会を持った。氏は、「沿岸漁場利用形態の地理学的研究」を主要なテーマとされている。海という環境に対応して、漁業がどのように行われているのか、漁業者は漁場環境をどのように利用しているのか、そしてそこにはどのような海に関わるしきたりが存在するのかといった問題を小規模な漁村や漁業に対するフィールドワークを通じて解明したいと考えている。氏の最近の石干見調査、また論文や報告書を題材にしながら更に突っ込んだ研修が実現できればと願っている。

とりわけ目を惹いたのが、台湾澎湖列島の石干見（石滬：スーフー）である。ここは完全に観光として成立し、北部に位置する吉貝という小島には石滬博物館が創設されている。石滬の規模の大きさと構造、保存内容の豊富さには目を見張るものがあり、それらが観光客の注目を浴びているという。国内外で撮影された貴重な石干見のスライド数十枚について説明を聞きながら議論をした。中にはこれが石干見かと思われる実に奇妙な形の石干見もあった。長浜のスクイしか見ていない我々にとっては、物珍しさも手伝って今更ながら石干見の奥深さを垣間見る思いがした。また、石干見にゆかりのある地域の人たちが集まって「石干見サミット」なるものが開催されていると聞いて驚きを禁じ得なかった。

田和氏には市民文化講座でも講演をいただき、市民の皆さんもスクイに対する認識を改めて深めたのではないかと思っている。

(3)　スクイの保存活動

基本的に年二回、五月と九月に実施している。五月には主としてスクイ内外の清掃と除草をおこない、終了後はスクイに放流した魚のつかみ取り大会を実施している。当初は四、五〇名程度の参加者数であったが、回を追うごとに増え、最近では三百名を優に越す盛会ぶりである。マスコミも関心を示すようになり、翌日の新聞には一斉にその状況が報道され、参加者を喜ばせている（写真1参照）。

写真１　スクイまつりの様子

九月は、スクイおよびその周辺の清掃はもちろんであるが、主として石積み、周辺の環境美化に取り組んでいる。これも回を重ねるごとに参加者が増え、「造ろう会」の活動が市民の間に浸透しつつあることに会員一同喜びを感じているところである。

なお、台風、高潮により石積みの崩壊が確認されれば、直ちに補修することとしている。

(4) 石干見サミットへの参加

第四回石干見サミットが、二〇一三（平成二五）年三月二二、二三日、鹿児島県奄美大島の市立奄美博物館を会場に、奄美群島日本復帰六〇周年記念事業の一環として「九州～奄美～沖縄・海垣サミットｉｎ奄美」の標題を掲げ開催された。島原からは一〇名が参加した。島原からの石干見サミット参加は今回が初めてで、全員が奄美大島を訪ねるのも初めてであった。興味と緊張の交錯した中で、サミットは日程に従って淡々と進められていった。

石干見を維持管理する各地の報告、発表を聞いて、その土地ならではの実態に即した活動が展開されていることに感銘を受けた。また、それぞれの地域が様々な課題を持ちながらそれらを一つ一つ解決していこうとする意欲が見られ、我々も意を強くした。意見交換は時間の関係であまりとれなかったが、スクイは只物ではないことがわかり、先進地の取り組みを今後十分参考にさせていただいてスクイにまつわる問題に真正面から取組んで行こうとみな心に強く誓ったものである。

懇親会では島原のメンバーを暖かく歓迎していただいた。心から謝意を表したい。

四　活動に対する評価

はじめは小さな運動体であった「みんなでスクイを造ろう会」の活動が一つの事業を実施するごとに輪の広がりを見せ、いま市民活動として着実に定着している。このことが評価され、相次いで以下のような賞を授かる栄誉に輝いた。

ひとつは長崎県地域文化章である。この章を、二〇一三（平成二五）年一月二五日に受賞した。章の趣旨は次の通りである。すなわち、「文化に香る心豊かな郷土を創るため、県内各地において地道な文化活動を続け、地域文化の向上と発展に貢献している個人及び団体に対し、地域文化章を贈り、その活動と業績を顕彰する」というものである。

もうひとつは海岸功労者表彰である。この賞は、二〇一三（平成二五）年六月五日に受賞した。この賞の趣旨は、「海岸の保全や利用、環境整備等、海岸を利用した取り組みなどで顕著な功労があった」というもので、社団法人全国海岸協会からの表彰である。

これら二つの受賞は我々の活動が認められた証であり、これを機に会員の気持ちも一新、これからの取り組みに一層泊車がかかるものと期待している。

なお、護岸工事に関する長崎県の尽力についても、我々の活動に対する評価として特記しておきたい。すなわち、スクイに隣接する海岸護岸の改修に伴い、本会は、「親水式機能を備えた安全・安心な護岸改修の要望書」を長崎県島原振興局長に提出した。県当局はこれを受けて、スクイをステージに見立てた長い階段状の観客席を護岸として設ける工事をとりおこなった。この施設によって、各種イベントの開催が可能となり、スクイの保全と維持に関して様々な相乗効果をフルに発揮できることになると期待している。

五　今後の課題　おわりにかえて

我々は、諫早市、宇佐市での研修、また石干見サミットへの参加などを通じて、スクイの保全や活用に対して大いなる啓発を受けた。また、今後、取り組んでいかねばならない課題も生まれた。ジオとスクイとの関係づくりもそのひとつである。島原半島（島原市・雲仙市・南島原市）は世界ジオパークに認定され、最近では研究者のみならず自然や地形に関心のある観光客の訪問も見受けられる。有明海には阿蘇、雲仙の火山噴出物の堆積物が見られ、漁場の形成においてもその恩恵を蒙っている。また、スクイに使われる石は比重の大きいものが選ばれ、地元雲仙の火山が産出した石が活用されている。スクイ自体も地形、海浜の状態など、火山の特性を生かして構築されたものであり、立派なジオパークの一環として捉え、学術面でも観光面でも啓蒙していきたいと考えている。

二〇一五（平成二七）年には島原にて石干見サミットを開催したいと考えている。島原の歴史・風土にあった島原ならではのサミットにしたいという強い思いがある。我々に残された時間はあまり多くはないが、サミット開催を目標に、次の諸課題に取り組んでいきたい。

一　「みんなでスクイを造ろう会」の会員増

二　スクイの石組みに関する研究

三　スクイ周辺の環境整備

四　ジオパーク、海岸風致地区に相応しい取り組み

五　学校との密なる連携

六　関係諸機関との連携

七　活動の在り方

「みんなでスクイを造ろう会」は結成してまだ日が浅い。活動も試行錯誤の段階であるが、奄美での石干見サミットに参加したことによって、先進地の活動に学ぶべき点を多く見出すことができた。一日でも早くその域に達すべく努力を重ねて行きたいと考えている。ご助言、ご指導を切に願って稿を閉じたい。

5 石干見の分布と地方名

田和 正孝

はじめに

石干見は、古くから存在する特徴ある漁法と認識されている。しかしながら、漁業史の中に定位されず、十分な説明さらには記録はなされてこなかった。たとえば、一八九五（明治二八）年に完成した『日本水産捕採誌』（農商務省水産局編　一九一〇）にある簄《エリ》罧《フシツケ》類の項目や、第二次世界大戦前に企画され戦後に出版された『明治前日本漁業技術史』（日本学士院・日本科学史刊行会編　一九五九）には石干見に関する記載がない。民俗学や民具学における石干見の記述も決して多いとはいえない。漁具・漁法の大分類でいえば、釣漁具や網漁具とは異なり、いわばその他の雑漁具の範疇に入るものであるが、石干見自体はきわめて大きな装置であり、漁具・漁法の規模という一点だけに注目してみても記録が残されていないことが不思議なほどである。

学界においては「石干見」という表記（読みはイシヒビ）が定着しているが、なぜこの文字が使用されるのかについても、特に議論されたことはない。辞書的には、たとえば、『大辭典』（一九三五）に、イシヒミ（石干見）が掲げられており、「原始的な漁法で、内灣の干潟に石を積んで垣網の如き装置にし、中央に魚溜りを作って水族を集め潮の干満を利用して獲るもの」との説明がある。しかし、石干見を『大辭典』の通りイシヒミと読んだのか、あるいはイシヒビとしたのかも現在まで特に明らかにされていない。民具学においては、民具のデータベース化の前提として標準名を整えることが課題となっており、またデータベース化が民具の広域比較を可能にするとも指摘されている（河野　二〇一一）。石干見の名称についてたどる作業を求める根拠がこのような議論のなかにも存在していると筆者は考えている。

ここでは、以上のことをふまえ、文献資料や現地調査で得た聞き取り結果などに基づいて石干見の分布域とその地方名について解説する。なお、小論で用いる石干見という用語の使用については、以下の通りとしておく。すなわち、漢字表記の石干見は基本的には学術用語ないしは一般名称として用いる。読みは「イシヒビ」とする。地方名を表す場合にはカタカナを用いる。文献を引用する場合には、原文に従うため、カタカナ、ひらがな、漢字、ローマ字表記が混じるが、誤解を避けるため必要に応じて補足説明を加える。

表1　石干見漁具数の県別統計

	1907（明治 40）年末	1915（大正 5）年末	1924（大正 13）年	1930（昭和 5）年 3 月末	1936（昭和 11）年末
総数	304	254	359	323	273
和歌山	—	—	2	2	—
山口	34	—	23	22	21
福岡	100	62	73	76	49
佐賀	—	—	5	4	4
長崎	103	117	185	145	115
熊本	2	3	6	2	1
大分	65	71	66	70	69
沖縄	—	—	—	—	14

参考：『定置漁業権調』日本定置漁業研究会、昭和 14 年 3 月（水産庁水産資料館蔵）
小川（1984）による。1915、1924、1930 年の総数と各県の合計数とに誤差がある。

一　石干見の分布

日本における石干見の分布域については、これまで繰り返し指摘してきたように、詳しく考察されたり、地図化されたりすることがほとんどなかった（田和　一九九八、二〇〇七）。石干見研究の第一人者であった西村朝日太郎も、分布域を、「日本では沖縄、奄美大島、九州、五島列島、山口、和歌山など」（西村　一九六九）と大枠でとらえているだけである。この根拠となる資料を、西村とともに各地の石干見を調査した小川博が残している。これは日本定置漁業研究会による『定置漁業権調』（一九三九年三月）の一部で、魞簗類漁業に含まれる石干見の漁具数を、一九〇七（明治四〇）年末から一九三六（昭和一一）年末にいたる約三〇年を五期に分けて掲げた県別統計表（表1）である。

この表によると、石干見が存在したところは、和歌山、山口、福岡、佐賀、長崎、熊本、大分、沖縄の各県であった。漁具数に関しては長崎県が一〇〇基以上と突出しており、福岡、大分の両県がこれに次ぐ。山口県には二〇～三〇基が認められる。沖縄県の記録は一九三六年の一四基のみである。佐賀、熊本両県の数値はいずれも一桁であり、和歌山県は一九二四（大正一三）年と一九三〇（昭和五）年にそれぞれ二基の記録があるにすぎない（小川　一九八四）。

九州各県ついては、県内のおおよその分布域を確定することができる。石干見は有明海と島原湾の海岸部に数多く分布していたが、福岡、佐賀、長崎、熊本の各県の一部はこれらの海域に面している。熊本県では八代海に面した宇土半島の南部一帯沿岸部にも石干見が分布した。干潟が発達していた周防灘の一部である豊前海の沿岸部にも数多くの石干見が分布していた。福岡県、大分県の一部はこの海域の沿岸部にあたる。沖縄県については沖縄本島はじめ各地の離島にも石干見が存在していたことが知られている。宮古列島、八重山諸島には現存している。

ところで、小川が提示した表には、鹿児島県が掲載されていない。しかし、出水地方や奄美諸島には数多くの石干見が存在していたことが明らかであり（小野　一九七三、一九八八、水野　一九八〇、二〇〇七）、また奄美大島では、その遺構も本書内の當田の報告にあるように島内各地にみられる。なぜ鹿児島県が統計表に表れていないのか、その理由については今もって不明である。山口県の瀬戸内海側は、福岡、大分両県とともに周防灘に面し、海岸にはかつて干潟が広がっていた。『下関市史・民俗編』（下関市市史編修委員会編　一九九二）は、干見はヒミと読むのが正しいが、本県の周防灘沿岸ではこれをヒビと呼んでいることを指摘するとともに、『長門方言集』（重本　一九三七）の「ヒビ」の項に「海の干潟に垣を造り潮の干満を利用して魚をとるもの」とあるから、ヒビは石垣に替わる竹垣の段階での呼称であろう、と記述している。また、天保期に編まれた長州藩内全域の実態記録である『防長風土注進案』の吉田宰判松屋村の項に「干見折村」（山口県文書館編　一九六一a）、舟木宰判西須恵村の項に「石干見溝」「石干見堤」の文字（山口県文書館編　一九六一b）、が見られることを根拠に、「干見が幕末の周防灘に見られた漁法であることは間違いない」とも述べている。山口県は、石干見の敷設に関していうならば、福岡、大分両県とともに「周防灘をめぐる石干見漁業文化圏」にあてはめることができよう。和歌山県については、石干見があったことを裏付ける資料

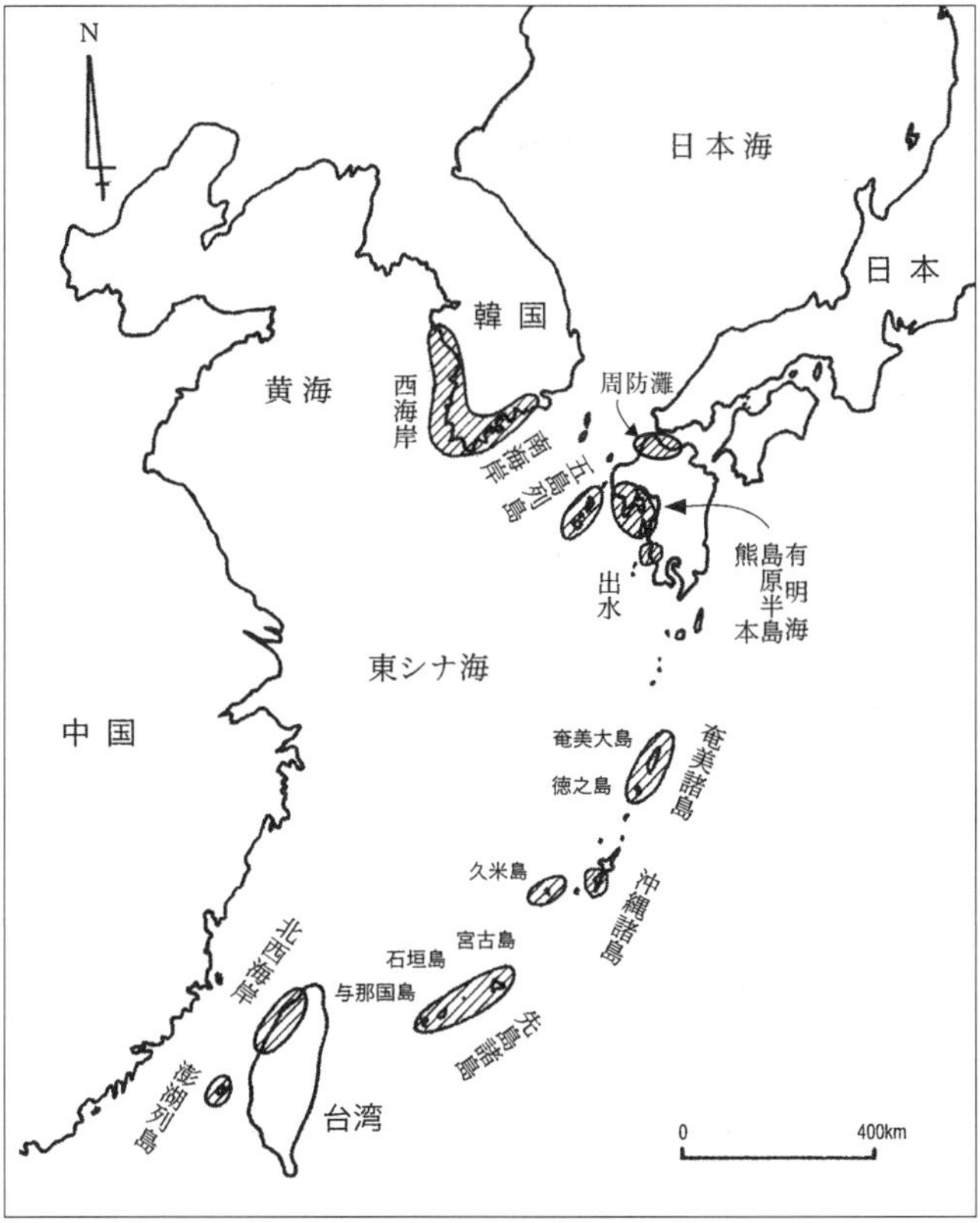

図1　日本における石干見の分布（東アジアを含む）
田和編（2007）を一部修正。

類を今のところ確認できていない。

各地の歴史・民俗に関する文献や既往論文の記述を渉猟し、筆者自身の現地調査を加えて日本における石干見の分布域（東アジアを含む）を大まかに示したものが図1である。

石干見は、各地で様々な名称で呼ばれていた。西村（一九六九）は、「名称は大体、沖縄、奄美のkaki（垣）系統と、九州一円で用いられているsukki（掬い）系統に大別できるようだ」と述べている。小川（一九八四）は「九州の有明海の諫早湾（泉水海）・島原半島・宇土半島付近に見られるものはスッキイといわれ、周防灘の福岡県・山口県沿岸にみられるものはイシヒビといわれる」と記している。筆者も石干見の地方名に関心をいだき、文献調査および現地でのききとり調査を続けてきた。以下では、九州地方と奄美・沖縄地方とに分けて、石干見の地方名について考えてみたい。

二　九州地方における石干見の名称

大分県、福岡県、山口県の周防灘沿岸（前述したように大分県側ではこの一部を豊前海とも呼ぶ）にみられる石干見はイシヒビ、あるいはヒビと呼ばれる。諫早湾（泉水海）、島原半島、宇土半島付近にみられるものはスクイ、スキ、スッキイ、スツキー、長崎県五島列島上五島ではスクゥィ、下五島福江島ではスケ、スケアン、スケアミ、熊本県、鹿児島県の出水あたりではスキ、スクィなどと呼ばれることがわかった（柳田・倉田　一九三八、田和二〇〇二）。ただし、現在もスクイが残る長崎県諫早市北高来町から約三〇キロメートル離れた佐賀県鹿島市七浦嘉瀬ノ浦にあった石干見はイシアバ（佐賀県教育庁社会教育課　一九六二）あるいは単にアバと呼ばれていた。地元での聞き取りによれば、有明海・諫早湾で一般的なスクイという呼称はまったく用いられていなかった。鹿児島県阿久根の石干見はハト（波止）とも呼ばれた（小野　一九八八）ことも付け加えておきたい。なお、イシヒミという一般名は、研究書（小川　一九八四、大島編　一九七七）には使われているが、地方名としては福岡県築上郡三毛門浦の漁法として昭和初期の文献に掲げられているもの（福岡縣水産試験場編　一九二七）のほかは確認できていない。また、現在までのところ筆者自身、各地のフィールド調査でもこの呼称を確認したことがない。

イシヒビの語源は、石で造られた篊《ひび》すなわち石篊と考えて間違いない。篊は、浅海に竹や竹などで編んだ簀を建ててつくった陥穽漁具を示す。ノリやカキを養殖するために海中に立てた柵状の構築物も篊と呼ぶ。篊は古くから知られており、一五六三年に成立したといわれている『玉塵抄』には「江ヤ浦ニシバヤサ、ノハ葉ヲシカト立テ、ヨコニ水ヲセイテ魚ヲトルヲソレヲヒヾト云ソ」（中田編　一九七〇）とある。

一九六〇年代まで石干見が残っていた大分県宇佐市長洲ではイシヒビあるいは単にヒビと呼んでいた。同市の文化財調査員を務めていた入学正敏（一九七五）が「篊（ヒヾ）」というエッセイを残している。「ひゞ」には石ひび、竹ひび、木ひびなどがあること、長洲の東浜海岸には当時四基のひびが補修もされず放置されたままになっていたこと、ひびにはもともと所有者があり、それぞれ名前が付けられていて、東から「角兵ひゞ」「長ひゞ」「宮ひゞ」「兵作ひゞ」となっていたことなどを記している。

福岡県豊前市松江浦の海岸には現在も石干見の跡が残っているが、これはヒビと呼ばれていた。このように、イシヒビと称するのではなく、単にヒビと呼んでいた地域も多かったと推察する。総称としてイシヒビを使用するよりも、ヒビの前に普通名詞や固有名詞をつけて敷設場所や所有者を特定する呼称の方が一般的であったと考えられる。

それでは、石干見はイシヒビと読むのか、イシヒミなのか。ここであらためて考えておきたい。漁具としての篊は、古くは「ヒミ」とも発音した。すると石干見はイシヒビでもイシヒミでもよいことになる。音声学的にいえば、m音とb音とが変化し、それぞれに母音iがついた結果、イシヒミとイシヒビが併存するようになったと考えるのが適当である。石干見という漢字は、後年になってこれらの呼称に対して充てられたものであろうと推察している。

スクイやスッキイなどは、「魚をすくう（抄う・掬う）」という漁業活動の内容からつけられた名称で、語源は同じであると考えられる。すなわち、石干見では潮がよく引いた時には、たも網やさで網などの補助漁具を使って魚をすくいとることができる。潮がもっと引くと、手ですくうことも可能である。そうした行為を反映する表現、あるいは石干見全体があたかも一つのたも網のごとく魚をすくいとってしまうような状況を表現するものとしてこの名称が与えられたのではないだろうか。

小野（一九八八）は、かつてスキがあった鹿児島県阿久根市三笠町の大瀧《うすき》と小瀧《こすき》という地名の語源を考え、これらの「漉」は「水をこす」のこすであり、「紙をすく」のすくであると述べる。これらはいずれも水の中にまざった個体を、器を使って通し流し、個体を止める行為である。スキでは入ってきた海水と魚とがまざったもののうち、海水だけを通して、魚を残しとどめる。したがって、「漉」という漢字はスキを表現するのに最も適切な文字といえると、小野は考えた。大瀧・小瀧にあったスキのなかには、自然にできている小さな入江を完全に遮断するようなかたちで石を積む形態のものがあった。湾をたてきった漁具から海水が抜け出てゆく状態に注目するならば、小野が指摘するように、スキは「漉き」を意味していることもうなずける。しかし、漢字で表わせば、「漉き」は「抄き」と同義語である。五島列島での呼称スケアン、スケアミは、「抄う・掬う」ないしは「漉ける」と「網」（アミないしはその転訛としてのアン）が合わさってできたものと考えてよい。

長崎、熊本、鹿児島で呼ばれるスキを「漉き」に由来するものとするか、あるいは「抄い・掬い」から転訛したものか、結論を出すにはさらに検討が求められるが、現時点において、小論では、スクイとスキを同じ語に由来するものとして、ひとまとめにしておく。

佐賀県鹿島市七浦嘉瀬ノ浦のイシアバ、あるいはアバという呼称について考えてみよう。アバには「網場」という文字を充てることができる。網場は漁場を意味する場合に用いられる。石を積んだ漁場ということで、イシアバと称したものであろう。イシアバは干潟の泥土があまり深くない七浦海岸の地勢を利用して構築されたものであった。直径二〇～三〇センチメートルの自然石を高さ一メートルあまり半円形に積み重ねたもので、中央部には内側に向けて水路状になるように別に石を積み、そこは常に開口しているかたちとした（写真1）。退潮時、この水路の外側部分にサデアミと呼ぶ長い袋網をすえておき、魚類やアミエビを漁獲した。

イシアバは佐賀県教育庁社会教育課（一九六二）によれば、イシホシミとも呼ばれていたという。石干見に対して

写真1　イシアバ（佐賀県鹿島市七浦嘉瀬ノ浦）
撮影時期は1960年代後半。撮影者は藪内芳彦氏（写真提供：藪内成泰氏）。

イシホミ、イシホシミ、イワホシミなどの読みを充てたりする文献がある（高来町編　一九八七、諫早湾地域振興基金編　一九九四、有家町郷土誌編纂委員会編　一九八一など）。これらが地方名として、現在でも使用されているところもあった。たとえば、長崎県島原市大野浜にはかつて多くのスクイが存在した。明治時代、このうちの一基を所有した者に松本栄三郎氏がいた。二〇一一年三月、栄三郎氏のひ孫にあたる松本輝夫氏に聞き取りをした際、氏は、スクイをイシホシミとも呼んでいたと指摘した。こうした呼称は、通常は石干見をこれとは異なる地方名で呼んでいた地域において発生している。明治期以降に漁業権申請のなかで水産行政の用語として定着しはじめた漢字表記の「石干見」をはたしてどう読めばよいのか、個人あるいは集団が独自に読み方を考え、それが地域あるいは集団で保持された結果生じたものであると推論して誤りはないであろう。

ところで、宇土半島の赤瀬、小田良にはスキンカキという名称が残っていたことを、このあたりの石干見を調査した多辺田政弘（一九九五）が報告している。多辺田は、スキンカキとは「スキのカキ」であるとし、スキが次節でみるような奄美・沖縄地方での石干見の一般名ともいえるカキと結びついていることを「興味深い」と述べている。

三　奄美・沖縄地方における石干見の名称

奄美諸島、沖縄列島では、石干見は一般にカキあるいはカキイ、カキの古語であるカチなどと呼ばれた。そのほか、奄美大島ではカツィあるいはカクィ、徳之島では石垣ゴモイ、与論島ではカキチミ、宮古列島ではカツ、竹富島ではカシ、西表島でカシイ、石垣島の白保でカチィあるいはインカチィ、新城島ではハシイ、与那国島ではクミなどとも呼ばれた（柳田・倉田　一九三八）。ほとんどがカチかカキから転訛した名称である。

カキの語源は、しきりや囲いを意味する垣に由来すると考えて間違いない。徳之島のゴモイとはコモイすなわち「囲い」の意味である（松山　二〇〇四）。与論島のカキチミは「垣積み」からきた名称であろうと推察されている（与論町誌編集委員会編　一九八八）。さらにクミは、魚を封じ「込める」というところからきた名称であるといわれている（喜舎場　一九三四）。魚を垣の前につけて、ウオガキやナガキ、ユウカチ、イッカチ、あるいは海を前につけてウミガキや上述したインカチィなどと称した地域もあった。

島袋源七（一九七一）は、第二次世界大戦中に執筆した論文中で、「漁垣」という字をあてたナカチあるいはナガキについてふれている。ナは魚のことで、魚が獲れる場所が魚場《ナバ》である。魚場（ナバ）は漁場（ナバ）の読みと一致する。島袋は、別の論文（島袋、一九五〇）では、魚垣（ナガチ）と魚場（ナバ）という表記を使用している。魚垣（ナガチ）の別名として、ヒヤ、ヒャク、ヤク、ヤキ、ヤッカなどがあった。語源は判然としないが、これらには石室の意味があったという。沖縄における魚垣の名称もカキで統一されるかのように感じられるが、元来、各部落によって

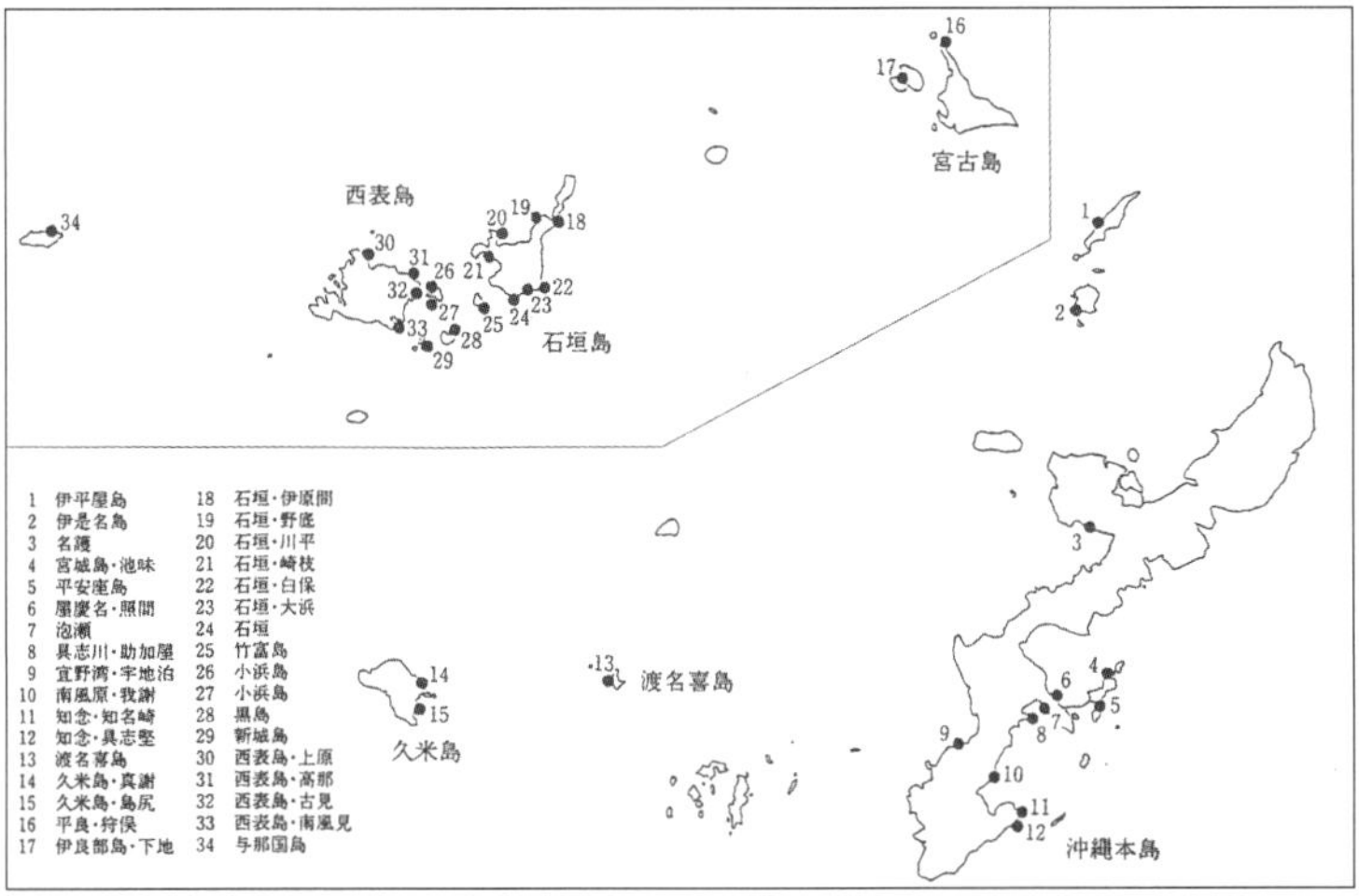

図2　沖縄における石干見（カチ（カキ））の分布

武田（1994）を一部改変。

異なった名称で呼ばれていたことも島袋は指摘している。

沖縄列島、八重山諸島の海岸部に存在した石干見の正確な数や、魚とりがおこなわれていた当時の状況は十分にわかってはいない。そのなかで武田淳（一九九四）が石干見（カチ（カキ））の分布図（図2）を描いているのは貴重な成果である。この図は、武田によると、市町村史（誌）を渉猟し、集めた情報に基づいて作成したものであるという。本図によれば、カチ（カキ）は、沖縄本島では南部太平洋側の金武湾沿岸部（屋慶名、照間、宮城島、平安座島）、中城湾沿岸部（泡瀬、南風原、知念）および東シナ海側では名護と宜野湾に分布した。離島部では、沖縄本島に近い伊平屋島、伊是名島、渡名喜島、久米島と宮古列島の宮古島、伊良部島、八重山諸島の石垣島、竹富島、小浜島、黒島、新城島、西表島、さらには与那国島に分布していた。しかし、第二次世界大戦後、米軍の上陸用舟艇（LST）による演習や護岸工事などによって損壊が進んだ。木綿網やナイロン網を用いた漁法が普及したこともカチ（カキ）の利用を疎遠にしてしまった。カチ（カキ）に関する情報が残りにくい理由としては、これが日々の「おかずとり」のための装置、あるいは「あそびの空間」として利用され、ほとんど記録される対象でなかったことと、定置漁具としての漁業権申請が関係諸機関に対してなされなかったことが考えられる。一部の海岸が第二次世界大戦後アメリカ軍に接収されたため、そこへの立ち入りが一時期、制限されてしまったことも情報が残らなかったことと関係しているであろう。なお、武田は、分布図を作製した当時、利用されているカチ(カキ)が八重山の小浜島、西表島、宮古の伊良部島だけに限られていたことを記している。

武田が描いたカチ(カキ)の分布図はきわめて精緻であるが、筆者の文献調査および聞き取り調査によって、沖縄本島では北谷町や金武町沿岸部、八重山諸島では石垣島宮良、波照間島にもカチ(カキ)が存在したことが確認できた。沖縄の石干見に関連する研究書や報告書、各地の市町村史(誌)類を渉猟したり、さらには聞き取り調査を通じて石干見の名称について検討する作業がまだ残されている。

おわりに

那覇市にある沖縄県立博物館にはカキの複製が展示されている。名称として魚垣(ながき)が掲げられ、以下のように説明されている。

イノーに仕掛けるワナのひとつに魚垣があります。琉球諸島ではカチやカツなどと呼ばれています。海の浅いところに石積みの垣根をつくり、潮の満ち干を利用して魚を捕ります。石垣の切れ目に網を仕掛けて捕る原始的な漁法といえます。

石垣を築くときは、潮の流れや海底の地形、魚の習性を考えて位置や大きさ、形を決めます。

宮古列島の伊良部島佐和田浜には本書で三輪が報告している通り、隣接する下地島の空港滑走路と向き合うように石干見が一基残っている。一九七九年に旧伊良部町の有形文化財（現在は宮古島市指定有形民俗文化財）に指定された。地元の人はこれをカツと呼んでいる。海岸脇の道路沿いに設置された二枚の説明板には「魚垣（カツ）」と記載されている。また、このカツの所有者である長浜トヨ氏は、二〇〇五年に文化財の維持管理と普及啓発に尽力したことにより、沖縄地区史跡整備市町村協議会から表彰されているが、賞状に記載された文化財の名称は「魚垣」であった。二〇〇九年一月、長浜氏に聞き取りをした際、カツという名称がいつの間にか魚垣（ウオガキないしはナガキ）という沖縄地方の一般名に取り込まれつつあることを、長浜氏自身が指摘した。地方名と一般名との間に名称をめぐる新たな関係性が発生しているのである。

沖縄におけるこのような事例は、学界で一般名としてすでに定着している石干見を使用するにあたっても、地方名に対する十分な理解を前提にしなければならないという注意をあらためて喚起させる。今後も各地の地方名を採集する必要性を提起しておきたい。

参考文献

有家町郷土誌編纂委員会編（一九八一）『有家町郷土誌』有家町、九〇〇頁。

諫早湾地域振興基金編（一九九四）『諫早湾漁業史――海と漁村の記録』諫早湾地域振興基金、一二九〇頁。

大島襄二編（一九七七）『魚と人と海――漁撈文化を考える』日本放送出版協会、二五三頁。

小川　博（一九八四）『海の民俗誌』名著出版、三五四頁。

小野重朗（一九七三）「奄美大島のカキ（石干見）」鹿児島県文化財保護課編『鹿児島県文化財調査報告書』二〇、鹿児島県、二一―四〇頁。

――――（一九八八）「出水地方の民俗（その六）出水・阿久根のスキ（石干見）」北薩民俗八、一四―一七頁。

喜舎場永珣（一九三四）「八重山における舊来の漁業」島二、二九九―三二二頁。

河野通明（二〇一一）「検索手段としての民具の一般名―農具の歴史を踏まえて―」国際常民文化研究機構編『〝モノ〟語り―民具・物質文化からみる人類文化―国際シンポジウム報告書Ⅱ』国際常民文化研究機構・神奈川大学日本常民文化研究所、七―一八頁。

佐賀県教育庁社会教育課（一九六二）『有明海の漁撈習俗 佐賀県文化財調査報告書 第一一集』佐賀県教育委員会、一五六頁。

重本多喜津編（一九三七）『長門方言集』（復刻版は一九七六、国書刊行会）、九四頁。

島袋源七（一九五〇）「沖縄の民族と信仰」民族学研究一五―二、五〇―六二頁。

――――（一九七一）「沖縄古代の生活―狩猟・漁撈・農耕―」谷川健一編『村落共同体』木耳社、九三―一八二頁。

下関市市史編修委員会編（一九九二）『下関市史・民俗編』下関市、九〇六頁。

高来町編（一九八七）『高来町郷土誌』高来町、一〇〇五頁。

武田　淳（一九九四）「イノー（礁池）の採捕経済――サンゴ礁海域における伝統漁法の多様性」九学会連合地域文化の均質化編集委員会編『地域文化の均質化』平凡社、五一―六八頁。

多辺田政弘（一九九五）「海の自給畑・石干見――農民にとっての海」中村尚司・鶴見良行編『コモンズの海』学陽書房、七一―一四三頁。

田和正孝（一九九八）「石干見漁業に関する覚え書き――台湾における石滬の利用と所有」秋道智彌・田和正孝『海人たちの自然誌――アジア・太平洋における海の資源利用』関西学院大学出版会、一五三―一八二頁。

――――（二〇〇二）「石干見研究ノート――伝統漁法の比較生態」国立民族学博物館研究報告二七―一、一八九―二一九頁。

――――（二〇〇七）「伝統漁石干見の過去と現在」小長谷有紀・中里亜夫・藤田佳久編『林野・草原・水域』朝倉書店、一九四―二〇七頁。

――――編（二〇〇七）『石干見』法政大学出版局、三一三頁。

中田祝夫編（一九七〇）『玉塵抄（一一）』（国立国会図書館原本所蔵）勉誠社、七一〇頁。

西村朝日太郎（一九六九）「漁具の生ける化石、石干見の法的諸関係」比較法学五―一・二、七三―一一六頁。

日本学士院・日本科学史刊行会編（一九五九）『明治前日本漁業技術史』日本学術振興会、六八〇頁。

入学正敏（一九七五）「篊（ヒゞ）」宇佐の文化六、六頁。

農商務省水産局編（一九一〇）『日本水産捕採誌 下』水産書院、一二三四頁。

福岡縣水産試験場編（一九二七）『福岡縣漁具調査報告 豊前海之部 漁具基本調査第三報』福岡縣水産試験場。

平凡社編（一九三五）『大辭典 第二巻』平凡社、六七二頁（『大辭典 上巻』一九七四（復刻版）所収）。

松山光秀（二〇〇四）『徳之島の民俗 二 コーラルの海のめぐみ』未来社、二八六頁。

水野紀一（一九八〇）「奄美大島の石干見漁撈」史観一〇三、一一―二七頁。

――（二〇〇七）「奄美諸島および五島列島の石干見漁撈」田和正孝編『石干見』法政大学出版局、一一五―一五〇頁。

柳田國男・倉田一郎（一九三八）『分類漁村語彙』民間傳承の會、三八八＋語彙索引五三頁。

山口県文書館（一九六一ａ）『防長風土注進案 第一六巻 吉田宰判』山口県立山口図書館、四三九頁。

――（一九六一ｂ）『防長風土注進案 第一五巻 舟木宰判』山口県立山口図書館、七八八頁。

与論町誌編集委員会編（一九八八）『与論町誌』与論町教育委員会、一四二二頁。

※　本稿は田和正孝（二〇一二）「石干見の呼称に関する覚え書き」（人文論究六一―四）の一部に加筆修正を加えたものである。

おわりに

二〇一三年一二月初旬、島原の「みんなでスクイを造ろう会」を訪ねました。会は、二〇一五年に石干見サミットの開催を予定されています。全体テーマや運営方法、話題提供者の人選など、まずは準備のための情報交換をすることが目的でした。島原には、本書で示されたように、立派なスクイ（石干見）が復元され、毎年、春のスクイまつりと秋のスクイ修復・清掃活動がおこなわれ、多くの市民でにぎわっています。北隣の雲仙市には放棄されてはいますが複数基のスクイが岩石海岸に確認できます。これらは市の文化財に指定されています。南隣の南島原市でもスクイが復元されました。有明海沿岸には、かつて累々とスクイが設けられていました。国内最大の石干見の集中地域であったこの地でのサミット開催に大いに期待が膨らみます。

私はこの会合で、石干見で獲れた魚の販売について考えてみることも重要ではないかと提案しました。大分県宇佐市長洲のイシヒビでは、アミ（小エビ）が多く獲れました。これは塩辛に加工され、自家消費だけではなく、魚商人の手によって県内山間部や福岡県の炭鉱地帯にも送られたと聞いています。一九二〇年代の長崎県における漁業権資料をみると、有明海沿岸のスクイでとれた魚は、所有者自らが販売したり、魚商人と思われるある特定の人物のところに集荷されたりしていることがわかります。台湾の澎湖列島では漁業を主とする離島で石干見が産業の重要な部分を担っていたことも、一九一〇年代の漁業権資料から明らかです。石干見を通じた地域のネットワーク形成や水産物流通システムなどについても、まだまだ記録を掘り起こす作業が必要です。

島原市のスクイでは市の産業振興部が協力してアマモを移植し、藻場復活に向けての実験も進行しています。里海のシンボルと考えられていた石干見が海の環境保全にいかに役立つか、漁業生産者、行政、市民を巻き込んだ自然科学的な取り組みです。これまで文化的な研究とその応用に偏りがちであった石干見研究に、新たな可能性を開く研究として、こちらにも大きな成果を期待してやみません。石干見の研究には数々の可能性が秘められているように感じます。

本書を刊行するにあたって、執筆を快く引き受けてくださった皆様にお礼を申し上げます。計画段階で執筆を考えてくださった方々はかなりの数にのぼりました。見切り発車のような形で刊行を急いだのは、すべて編者の責任です。地域の情報をもっと多く蓄積したい気持ちには全く変わりがありません。執筆を準備くださっている皆さんに対しては、必ず続編を刊行することを約束したいと思います。読者の皆さんもどうかご期待ください。

最後になりましたが、本書を刊行するにあたってご理解をくださいました関西学院大学出版会に対しまして心よりお礼を申し上げます。

二〇一三年二月

編　者

【執筆者】（五十音順）

秋道智彌（あきみち・ともや） 第１章
総合地球環境学研究所名誉教授

石垣　繁（いしがき・しげる） report
「魚垣の会」副会長

上村真仁（かみむら・まさひと） 第２章
ＷＷＦサンゴ礁保護研究センター センター長

田和正孝（たわ・まさたか） 第５章
関西学院大学文学部教授

當田嶺男（とうだ・みねお） report
龍郷町文化財保護審議委員会 会長

中山春男（なかやま・はるお） 第４章
「みんなでスクイを造ろう会」会長

三輪大介（みわ・だいすけ） 第３章
沖縄大学地域研究所特別研究員

K.G. りぶれっと No. 37

石干見《いしひび》に集う
伝統漁法を守る人びと

2014年3月31日 初版第一刷発行

編　者　田和正孝

発行者　田中きく代
発行所　関西学院大学出版会
所在地　〒662-0891
兵庫県西宮市上ケ原一番町1-155
電　話　0798-53-7002

印　刷　協和印刷株式会社

Printed in Japan by Kwansei Gakuin University Press
ISBN 978-4-86283-161-3

関西学院大学出版会「K・G・りぶれっと」発刊のことば

大学はいうまでもなく、時代の申し子である。

その意味で、大学が生き生きとした活力をいつももっていてほしいというのは、大学を構成するもの達だけではなく、広く一般社会の願いである。

研究、対話の成果である大学内の知的活動を広く社会に評価の場を求める行為が、社会へのさまざまなメッセージとなり、大学の活力のおおきな源泉になりうると信じている。

遅まきながら関西学院大学出版会を立ち上げたのもその一助になりたいためである。

ここに、広く学院内外に執筆者を求め、講義、ゼミ、実習その他授業全般に関する補助教材、あるいは現代社会の諸問題を新たな切り口から解剖した論評などを、できるだけ平易に、かつさまざまな形式によって提供する場を設けることにした。

一冊、四万字を目安として発信されたものが、読み手を通して〈教え―学ぶ〉活動を活性化させ、社会の問題提起となり、時に読み手から発信者への反応を受けて、書き手が応答するなど、「知」の活性化の場となることを期待している。

多くの方々が相互行為としての「大学」をめざして、この場に参加されることを願っている。

二〇〇〇年　四月